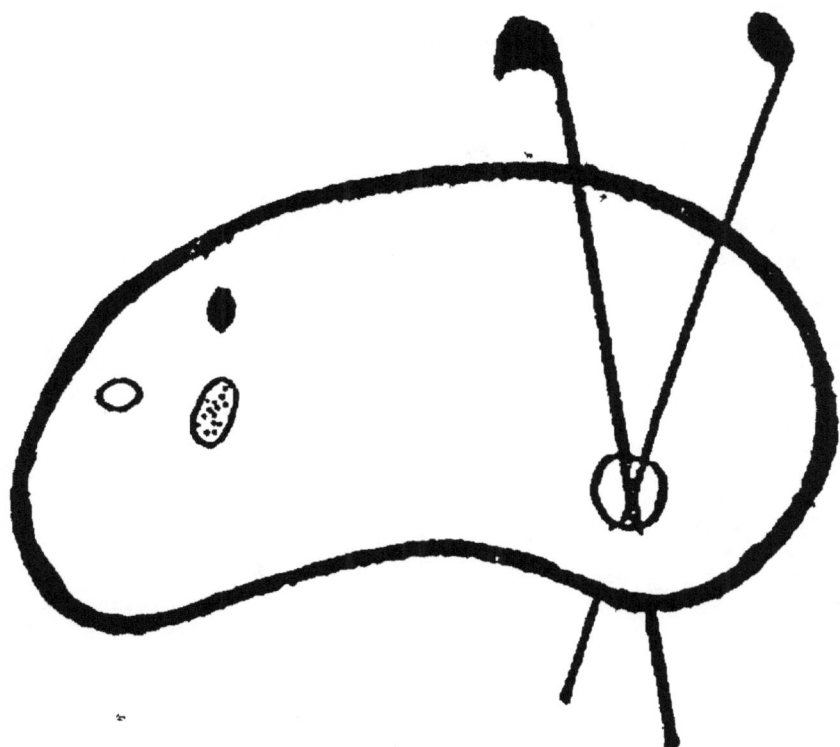

DEBUT D'UNE SERIE DE DOCUMENTS
EN COULEUR

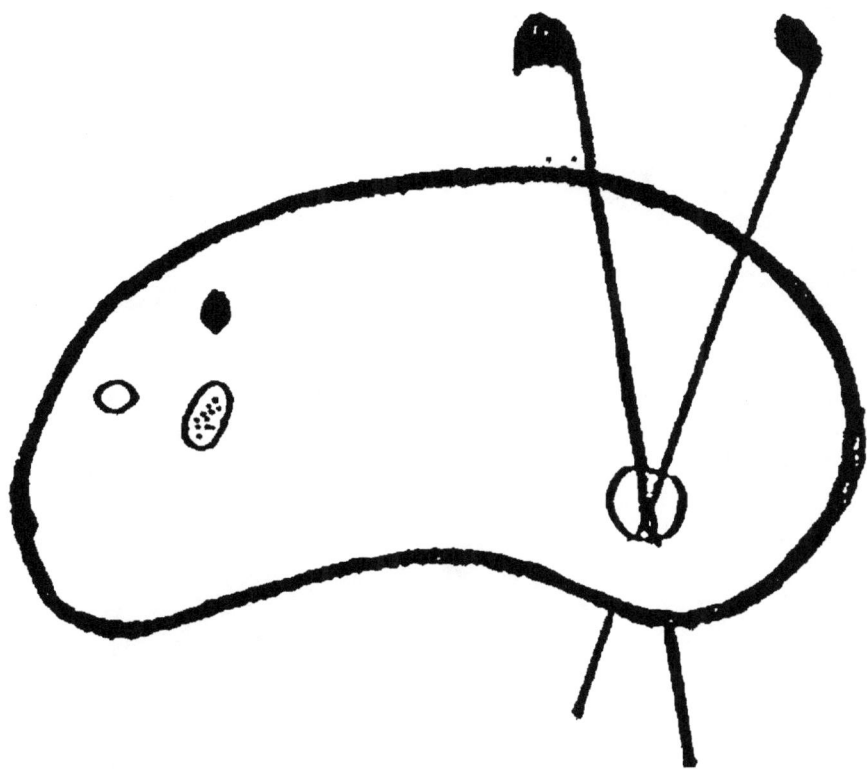

FIN D'UNE SERIE DE DOCUMENTS
EN COULEUR

BIBLIOTHÈQUE
CHRÉTIENNE ET MORALE

APPROUVER

PAR Mgr L'EVÊQUE DE LIMOGES.

Gd In-8° 4ᵉ Série.

LA JEUNE MÈRE INSTITUTRICE

Il alla se placer devant mademoiselle Muteau

LA

JEUNE MÈRE

INSTITUTRICE

PAR

Mme DE FLAMMERANG.

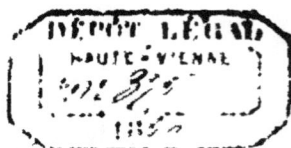

LIMOGES

BARBOU FRÈRES, IMPRIMEURS-LIBRAIRES,

INTRODUCTION

On était au mois de mai, et le printemps, en parfumant l'air des émanations les plus suaves, invitait les cœurs reconnaissants à élever leurs hommages jusqu'à celui qui avait, dans sa bonté, daigner multiplier pour l'homme toutes les jouissances qu'il pouvait désirer.

Madame de Melleville avait profité d'une matinée superbe pour mener sa petite famille, composée de trois fils et de deux demoiselles, faire une excursion agréable dans les environs de Genève, où elle avait fixé sa résidence.

Madame de Melleville était française, mais les malheureux évènements arrivés dans sa patrie l'avaient forcée de s'en éloigner; les débris d'une fortune considérable lui avaient servi à acheter une maison de campagne modeste, mais commode, où elle croyait encore pouvoir trouver le bonheur en la rendant le temple de toutes les vertus.

M. de Melleville avait suivi la carrière militaire en France; et en émigrant avec sa femme, il n'avait pas renoncé à remplir des devoirs qu'un nom honorable et la fidélité qu'il avait jurée à ses souverains légitimes lui imposaient.

Plein d'honneur et de courage, il s'était enrôlé dans la

petite armée de Condé, si grande par son courage, si admirée
par son énergie et sa constance ; mais la victoire n'est pas
toujours fidèle à ceux qui la courtisent, et M. Melleville
avait trouvé la mort en courant après la gloire. Sa veuve crut
plutôt honorer la mémoire de l'époux qu'elle avait chéri en
se dévouant uniquement à l'éducation de ses enfants, qu'en
répandant sur sa tombe des larmes stériles; et se résignant
avec une piété fervente et un courage admirable à supporter
chrétiennement la perte qu'elle venait de faire, elle prit la
ferme résolution d'élever ses fils de manière à ce qu'ils fussent
de bons citoyens, et ses filles de vertueuses mères de famille
et de bonnes épouses, assez aimables pour fixer le cœur de
ceux qui les auraient choisies.

L'éducation ne saurait être trop précoce, et c'est pour ainsi
dire dès le berceau qu'on peut travailler à faire naître les
vertus qui ne font que se développer dans un âge plus avancé.
Bien convaincue de cette vérité, madame Melleville eut soin de
borner ceux qui devaient l'entourer, à deux domestiques dont
les mœurs lui étaient parfaitement connues, et qui lui avaient
donné dans des circonstances difficiles des preuves touchantes
de dévouement et de fidélité. Sûre que ces braves gens ne
donneraient aucune impression dangereuse à ses enfants, elle
leur confia le soin de les servir et de suppléer à ce que la
faiblesse de leur âge ne leur permettait pas de faire ; car,
instruite par les leçons du malheur, madame de Melleville
s'était débarrassée de beaucoup de préjugés dont sa jeunesse
avait été imbue. Elle ne croyait pas qu'il fût humiliant de se
servir soi-même : elle n'abandonnait pas à une classe moins
élevée que celle où elle était née le beau privilége d'acquérir
des connaissances utiles qui pouvaient mettre à l'abri des
évènements, et rendre indépendant des vicissitudes de la
fortune. Elle devait à sa propre expérience la conviction que
le travail ne dégrade jamais l'homme, qu'au contraire il l'honore, et qu'il n'y a d'avilissant que les actions coupables ou
es penchants vicieux.

D'après ces principes, elle réfléchit avec soin au plan d'é-
ducation qu'elle voulait adopter pour ses enfants. Les
vertus qu'elles désirait leur inspirer tenaient le premier
rang; les connaissances qu'elle voulait leur faire acquérir
furent aussi l'objet de ses sérieuses méditations. Il n'en est
pas de l'instruction comme des principes : les uns naissent
des moindres circonstances et s'insinuent dans le cœur comme
une douce rosée; l'instruction, au contraire, si elle est trop
prématurée , devient presque toujours inutile, parce qu'elle
n'est pas comprise.

Madame de Melleville commença donc par repasser tout ce
qu'elle avait appris dans sa jeunesse, et dont elle se souvenait
à peine, afin d'être à même de donner des leçons utiles à ses
enfants, et de ne recourir à personne pour suivre une occupation que sa tendresse lui faisait paraître charmante.

Elle avait été assez bonne musicienne. Un piano fut placé
dans sa chambre, et lui procura le double avantage de pouvoir lui fournir le moyen de se remettre à étudier la musique et d'apaiser les cris que la douleur arrachait à son plus
jeune fils, âgé seulement d'un an lorsqu'elle eut le malheur
de devenir veuve, et dont la santé était si délicate qu'à peine
conservait-elle l'espérance de prolonger sa vie.

Elle avait longtemps négligé la lecture des bons livres, pour
ne s'occuper que de lectures frivoles; elle sentit l'importance
de puiser aux bonnes sources pour communiquer à ses enfants
l'instruction dont ils auraient besoin, et consultant un homme
éclairé sur le choix qu'elle aurait à faire pour composer une
petite bibliothèque, elle eut bientôt réuni un petit nombre
d'ouvrages excellents, dans lesquels elle trouva une ressource précieuse contre l'ennui , et l'instruction qui lui manquait.

Pendant quatre ans elle avait mené la vie la plus retirée :
toute entière aux soins qu'exigeait sa petite famille, les caresses
de ses enfants la dédommageaient amplement des distractions

1..

qu'elle aurait pu trouver dans la société à laquelle elle avait renoncé, et qui ne lui causait aucun regret.

Comme la campagne lui paraissait malsaine l'hiver, elle ne l'habitait que pendant les huit plus beaux mois de l'année, et elle passait à Genève les quatre autres.

Après avoir fait connaissance avec la maman, il ne me paraît pas inutile de faire connaître en détail ses enfants.

Achille, son fils aîné, avait treize ans à l'époque où commence le récit des soins que sa mère prit pour en faire un jour un homme recommandable. Il était d'un caractère fier et impétueux ; toujours prêt à dominer ses frères et ses sœurs, à les soumettre à sa volonté ; sa mère seule avait le droit et l'art de le rendre doux et soumis. Il est vrai qu'il l'aimait avec une tendresse si vive, que le moindre signe de mécontentement de sa part le rendait triste et l'affligeait beaucoup : aussi une caresse de sa maman chérie était pour lui la plus précieuse des récompenses.

Gabrielle, âgée de douze ans, était raisonnable, calme et un peu froide ; on pouvait présager avec assez de certitude qu'elle ne donnerait dans aucune erreur grave, parce qu'elle prendrait toujours la peine de réfléchir.

Edouard n'avait que douze ans, et était frère jumeau de Séraphine, à laquelle il ressemblait tellement pour les traits et le caractère que s'il avait été du même sexe on aurait été obligé de mettre une marque apparente à leurs vêtements pour pouvoir les distinguer ; tous deux étaient doux, dociles et bons enfants : on n'avait à leur reprocher qu'une certaine indolence qui nuisait à leurs progrès. Aussi madame de Melleville était-elle obligée, pour stimuler leur activité, de piquer leur curiosité et de la tenir continuellement en haleine. Elle avait imaginé, pour donner plus de ressort à leur esprit, de leur offrir de petits sujets à traiter, pour lesquels il ne fallait pas de grands efforts d'imagination, mais qui donnaient plus

de justesse et d étendue a leurs idées ; un prix qu'elle savait
devoir flatter leurs désirs excitait leur bonne volonté, et pour
l'obtenir ils venaient à bout de vaincre leur paresse.

Clément était le dernier des enfants de madame de Melleville ; sa petite mine espiègle, ses yeux noirs et bien vifs, la
délicatesse de ses traits et la finesse de sa peau auraient pu le
faire prendre aisément pour une petite fille, s'il n'eût eu la
turbulance des garçons. La vivacité de ses reparties et l'a-
dresse avec laquelle il savait colorer ses fautes, lui valait
souvent une indulgence portée un peu trop loin, mais le
petit lutin était si aimable et en même temps si bon, qu'il
était difficile de conserver assez de fermeté pour réprimer ses
écarts.

Au reste l'union la plus parfaite régnait entre tous ces
enfants, qui rivalisaient d'attachement pour leur excellente
mère.

Madame de Melleville avait prolongé plus longtemps qu'à
l'ordinaire son séjour à Genève, sa fille aînee ayant été malade
pendant l'hiver d'une manière assez grave pour exiger les
soins assidus d'un médecin ; mais le retour de la belle saison
ayant amené celui de la santé de Gabrielle, on était revenu à
la campagne, que les enfants aimaient mieux que la ville,
parce qu'ils jouissaient de plus de liberté.

Après avoir donné quelques jours aux arrangements indispensables dans une maison que l'on a quittée depuis six
mois, madame de Melleville s'occupa de régulariser les études
de ses enfants, car elle redoutait pour eux l'oisiveté et les
écarts qu'elle entraîne. L'ordre du travail fut donc établi avec
tant de sagesse et de prudence, que les heures qui restaient
pour le plaisir ne pouvaient en aucune manière nuire aux
devoirs, et la prévoyante mère se ménagea encore la ressource
de pouvoir en faire tourner une partie au profit de l'instruction lorsqu'elle lui paraîtrait favorable.

Heureux de se trouver libres et de pouvoir folâtrer tout à
leur aise, les enfants, avec la permission de leur maman et

et sous la direction du vieux Dominique, fidèle serviteur qui les avait vus naître tous, s'étaient dirigés sur les bords charmants du lac, dont les eaux argentées, ridées légèrement par un doux zéphir, invitaient à profiter d'un bateau élégamment décoré, qui côtoyait le rivage, pour faire une promenade sur l'eau.

Longtemps Dominique avait résisté aux prières des enfants, parce qu'il connaissait la capricieuse inconstance du lac; mais Clément l'ayant pris par son faible, en lui chantant la mélancolique romance de Gabrielle de Vergy, que le bon Dominique n'entendait jamais sans verser des larmes, malgré qu'elle eût vingt deux couplets et que Clément ne chantât pas tout à fait juste, il eut la faiblesse de mettre un terme à ses refus, et la petite famille monta dans le joli bateau.

On gagna le large, en fendant l'onde avec rapidité, le bateau eut bientôt perdu le rivage de vue. Dominique trouvait que le vent était bien frais, et avait déjà parlé deux fois du risque qu'il courait de gagner un gros rhume; mais malgré que ces enfants fussent très-bons et très-obéissants, ils trouvaient tant de plaisir à cette promenade maritime, qu'ils avaient feint de ne pas entendre les craintes de Dominique, et le bateau continuait à voguer. On était à plus de trois lieues du point de départ, lorsque le temps, qui paraissait si serein, changea subitement et fit présager un orage. Dominique pressa alors le batelier de regagner le rivage; mais un vent impétueux qui s'éleva tout à coup s'opposait à ses efforts, et en faisant courir un péril imminent, changeait en consternation le plaisir dont on venait de jouir. Dominique, effrayé du danger qui les menaçait, s'empara d'une rame et travailla si vigoureusement qu'il parvint à rapprocher le bateau des bords du lac. On n'en était plus qu'à la distance d'une toise, lorsque Clément, très-pressé d'échapper aux eaux capricieuse du lac, monta sur la proue du bateau et sauta avant qu'on eût le temps de prévoir son intention ou de l'empêcher; mais son élan fut si malheureux, qu'ayant rencontré un tronc d'arbre qui était

1

fleur d'eau, son pied se démit; il tomba dans l'eau où la douleur le fit évanouir.

Ses frères et sœurs avaient poussé des cris de frayeur en
voyant son imprudence; mais Achille s'était jeté sur-le-
champ à la nage en voyant son jeune frère soulevé par les
flots, et ne leur offrant aucune résistance. Comme il savait
assez bien nager, il eut peu de peine à saisir Clément par
son habit et à l'entraîner sur le rivage, où il resta étendu sans
mouvement, ne donnant aucun signe de vie.

Gabrielle était au désespoir; Edouard et Séraphine bai-
gnaient de leurs larmes le pauvre Clément, et Dominique se
reprochait amèrement la complaisance qu'il avait eue.

Le batelier, plus de sang-froid et plus intéressé que les
autres spectateurs à l'accident qui venait d'arriver, donna
des secours plus actifs, et au bout de dix minutes, Clément
ouvrit les yeux et put juger l'effroi qu'il avait causé et de la
tendre le que l'on avait pour lui par les larmes qu'il voyait
répandre.

La foulure qu'il s'était faite en tombant lui faisait un mal
horrible; mais il n'y avait aucun moyen d'y remédier, puisqu'on était trop éloigné de la ville pour avoir promptement
un chirurgien. Le batelier, après avoir amarré son bateau,
proposa de porter à bras le blessé jusqu'à la demeure de
madame de Melleville; cet avis fut adopté, et Dominique ayant
partagé ce soin avec le batelier, chacun murmura de ce qu'on
ne lui permettait pas de prendre part à une fatigue qui avait
pour but de soulager un frère bien aimé. Mais Dominique ne
voulut jamais consentir à céder son précieux fardeau, sinon
au batelier lorsqu'il se sentait bien fatigué.

Une grande inquiétude pour les enfants, c'était de savoir
comment on annoncerait cette triste nouvelle à la maman, et
quelle impression elle pourrait lui faire. Achille se chargea de
cette mission, et, devançant le cortège en forçant un peu sa
marche, il arriva assez à temps à la maison pour préparer sa mère
à ne pas trop s'alarmer du spectacle qui allait frapper ses yeux.

Il mit même tant de prudence et d'adresse dans la manière dont il lui raconta l'accident, que madame de Melleville s'occupa plus d'y remédier que de s'en affliger ; et lorsque Clément arriva, l'eau de boule et les compresses étaient prêtes. Son pied était extrêmement enflé, et comme il ne pouvait pas s'appuyer dessus, il était douteux qu'il n'y eût point de fracture.

Achille avait couru à Genève chercher un chirurgien, qui, étant revenu avec lui, se convainquit qu'il n'y avait qu'une forte luxure, et rassura la tendre mère sur les alarmes qu'elle avait conçues. Après avoir indiqué tout ce que l'art et l'expérience pouvaient offrir de plus salutaire en pareil cas, il s'en retourna en assurant que le malade en serait quitte pour de vives douleurs et l'abstinence rigoureuse de toute espèce d'exercice pendant au moins un mois. Cet arrêt parut bien rigoureux à Clément, qui avait bien de la peine à se tenir en place pendant plus d'une heure ; mais comme il était irrévocable sous de graves inconvénients qui auraient prolongé plus longtemps l'inaction si redoutée, il fallut bien s'y soumettre et prendre son parti.

C'était une privation bien pénible pour Clément que d'avoir le pied empaqueté et d'être obligé de rester sur une chaise longue toute la journée; ses frères et sœurs faisaient ce qu'ils pouvaient pour le distraire et l'amuser ; ils poussèrent même la complaisance jusqu'à refuser d'aller se promener tant que Clément serait malade, dans la crainte d'augmenter ses regrets et de lui faire du chagrin. Cependant les après-dînées étaient bien longues, et, malgré leur ingénieuse amitié, ils ne réussissaient pas toujours à varier les distractions qu'ils auraient voulu procurer à leur frère. Madame de Melleville, touchée de leurs efforts et de leurs bonnes intentions, résolut de les seconder en y joignant les siens, et après leur avoir fait une proposition qui fut adoptée avec transport, il fut convenu que ce serait elle qui se chargerait du soin d'animer les soirées suivantes.

PREMIÈRE LEÇON

DE LA RELIGION.

Lorsque tous les devoirs qui devaient partager la journée furent remplis, madame de Melleville fit apporter, sous un joli berceau d'acacias, la chaise longue où gissait, à son grand regret, Clément ; et, après avoir consulté son petit auditoire sur le sujet qui devait alimenter l'entretien, qu'il était convenu qu'on rendrait le plus instructif possible, en ayant soin cependant qu'il fût amusant, comme les avis étaient partagés à cet égard, pour mettre tout le monde d'accord, madame de Melleville proposa de prendre le hasard pour arbitre. Ayant fait apporter un sac de loto, rempli des boules qui servaient à ce jeu, il fut convenu que celui des enfants qui tirerait le numéro le plus élevé, aurait le droit d'indiquer le sujet qu'il désirait que l'on traitât ; et madame de Melleville, sans redouter les difficultés attachées au rôle d'improvisatrice, se soumit à remplir les conditions imposées.

Clément fut l'heureux de la soirée. Après avoir réfléchi quelques instants, d'un petit air capable, il dit à madame de Melleville: « Maman, je te crois beaucoup plus en état que nous de juger ce qui peut nous intéresser et nous instruire. S'il ne s'agissait que de nous amuser, mon choix serait bientôt fait, et je te prierais de nous conter des histoires. Mais, comme tu as dit qu'il fallait aussi nous instruire, je m'en rapporte à toi, et dis... tout ce que tu voudras.

— Mes enfants, répondit la bonne mère, comme les entretiens ne doivent participer en rien de la gravité d'une leçon, quoique nous lui en donnions le nom, je veux que vous me fassiez connaître tout ce qui pourrait exciter vos doutes ou qui ne vous paraîtrait pas intelligible. Ainsi ne craignez pas de m'interrompre ou de me faire des questions, je vous en donne la permission la plus étendue, car je n'y verrai que le désir de mieux profiter de l'instruction que je veux tâcher de vous donner. Puisque je suis libre de choisir aujourd'hui le sujet que je dois traiter, je dirigerai votre pensée vers celui qui a fait naître toutes les merveilles qui vous environnent. Voyez ce *Mont Blanc* tout resplendissant des derniers rayons du soleil; admirez dans le lointain ce lac charmant, qui vous présente ses eaux limpides comme un miroir, où tous les objets viennent se réfléchir; dirigez vos regards sur ces paysages délicieux, qui vous présentent la réunion de tous les dons d'une nature riche et vigoureuse. Quelle végétation que celle qui alimente ces arbres magnifiques, dont les branches touffues vous couvrent de leur ombrage! Quelle fertilité dans ces gras pâturages, qui rassasient et pourvoit au besoin d'un bétail superbe! Quelle _e dans ces villages nombreux, que la richesse du sol a fait bâtir les uns sur 'es autres! Quel air de prospérité parmi leurs habitants! partout l'aisance, nulle part la misère; et lorsqu'en rétrogradant sur les merveilles que l'on admire, on remonte jusqu'à leur source, n'est on pas tenté de s'écrier: *C mon Dieu! je vous adore* !

— C'est bien vrai, interrompit Achille ; car si on voit quel-

que chose qui frappe l'imagination, tout de suite on dit : Mon
Dieu ! que c'est beau !

— Preuve bien incontestable, reprit madame de Melleville,
que l'homme reconnaît que tout ce qu'il voit, tout ce qu'il possède, émane de Dieu ; et comme non-seulement il reconnaît
sa puissance, mais compte aussi sur sa bonté, c'est toujours
son secours qu'il invoque lorsqu'il est souffrant ou malheureux. Mon Dieu ! s'écrie-t-il, lorsqu'une violente douleur le
saisit ; mon Dieu ! dit il encore, s'il est opprimé ou s'i la calom-
nie l'abreuve de son fiel ; et cette invocation si courte contient
à la fois et une prière et une espérance. C'est de Dieu qu'on
attend la consolation, l'appui, le secours et la justice dont on
a besoin.

— Maman, est-il vrai, demanda Édouard, qu'il y a des gens
qui ne reconnaissent point de Dieu ? — Je ne crois pas, mon
ami, que l'on puisse citer aucune peuplade, même parmi les
plus sauvages, qui ne rende hommage à un être auquel ils
accordent une grande supériorité ; ils diffèrent sur le nom
qu'ils lui donnent, mais il paraît que le besoin d'un culte est
né avec l'homme : heureux ceux que la Providence a favori-
sés, en les faisant naître dans les pays éclairés par la religion
du christianisme, qui, sans contredit, est la plus éclairée !
— Mais, maman, si la religion doit contribuer au bonheur,
pourquoi y a-t-il tant de personnes qui rougissent de la professer, ou qui en font des plaisanteries ? — C'est l'amour-propre, mon cher ami, qui fait tomber dans cette erreur, car il
veut nous rendre juges dans une cause où nos passions sont
en contradiction avec les efforts que la religion nous prescrit
pour les combattre. En cela on agit avec bien de la déraison,
car la religion est la base du bonheur, elle en devient la garantie : c'est une grande folie que de vouloir en contredire les
principes. Son but est d'amener les hommes à la vertu ; il est
de l'intérêt de tous de la respecter et de la professer avec confiance. Si de prétendus esprits forts ont essayé de la combattre, en sondant leurs motifs, il sera facile de se convaincre

que l'amour de la célébrité a seule inspiré leurs écrits. La foi la plus simple est toujours la meilleure, et c'est une folie de vouloir approfondir ce que notre faible raison ne saurait comprendre. Nous jouissons des bienfaits de la nature, sans révoquer en doute ses miracles ; qu'il en soit de même de la religion ; ne subtilisons jamais sur la sublimité de ses dogmes ; mettons seulement sa morale à profit, et pratiquons-la avec exactitude. Quoi de plus touchant et de plus sublime à la fois que la morale de l'Évangile ! c'est dans ce code divin où nous devons puiser notre croyance. En épurant nos désirs, en exaltant nos idées, et les portant vers un avenir qui dépend de nos bonnes ou de nos mauvaises actions, la religion nous donne l'énergie qui sait supporter les revers, la grandeur d'âme qui fait pardonner les injures, la patience qui nous est nécessaire pour soutenir les peines et les contradictions dont la vie et semée, c'est elle qui impose silence aux passions et donne de la force aux vertus. Aussi, pour franchir le premier pas qui conduit dans le funeste chemin du vice, cherche-t-on toujours à s'affranchir des lois de la religion ; elle paraît au méchant un joug trop difficile, il le brise : mais l'être bon et vertueux y trouve sa force et sa protection : aussi il le conserve et le respecte.

» Pour vous donner une idée de l'influence de la religion, je vais vous raconter, mes enfants, une histoire arrivée à Paris, il n'y a pas plus de vingt ans.

» Madame Dorival se trouva veuve à vingt ans. Jouissant d'une fortune considérable, et dans la plus entière indépendance, sa maison était le centre de tous les plaisirs et le rendez-vous d'une société choisie. Les beaux esprits y étaient fêtés : ce qu'on appelle assez improprement les philosophes, y étaient bien reçus, et trouvaient leur compte à faire adopter leur morale à une jeune femme aimable qui devait leur créer facilement des prosélytes. Avec beaucoup d'esprit, madame Dorival avait le malheur de manquer de jugement ; elle voulait briller, et se trouva enrôlée, presque sans le savoir, sous les bannières des esprits forts, noms que l'on donne à des gens qui mettent tout leur orgueil à combatre ou à ridiculiser les grandes vérités de la religion. Sous prétexte d'éclairer la raison de madame Dorival, et de la débarrasser des préjugés qui pouvaient l'obscurcir, on l'habitua à vouloir analyser les choses les moins susceptibles d'analyser, et à révoquer tout en doute.

Ses idées s'embrouillèrent, elle déraisonna complétement, eut le malheur de ne plus croire à rien, pas même en Dieu, et fut proclamée comme une femme charmante par ceux qui avaient intérêt à l'égarer.

« Sa conduite qui jusqu'alors avait été honnête et décente, changea bientôt d'une manière évidente, car , d'après ses nouveaux principes, elle se serait trouvée bien dupe d'immoler ses penchants, et de ne pas satisfaire ses désirs. Elle devint dure, égoïste, ne mit aucun frein à ses passions, s'afficha de la manière la plus scandaleuse, et donna dans tous les dérèglements.

« Les honnêtes gens s'éloignèrent d'elle, et sa société se borna à de vils adulateurs qui se partageaient sa fortune, et aux apôtres de l'incrédulité.

« Plusieurs années se passèrent dans cet aveuglement terrible ; mais deux causes également fâcheuses servirent à lui dessiller les yeux.

» Elle perdit un procès qui compromettait presque toute sa fortune, et cette perte éloigna une grande partie des parasites, dont tout l'attachement reposait sur les talents de son cuisinier.

» Un cancer, maladie affreuse, suite d'un sang aigri par la vie dissipée qu'elle avait menée, lui fit éprouver des douleurs aiguës. Une femme malade, presque ruinée, devenait un être fort peu intéressant pour ceux qui ne cherchaient que le plaisir ou l'abondance ; aussi, sous le prétexte de ne pas troubler le repos dont elle avait besoin, sa société habituelle la livra à l'isolement le plus complet.

» Mécontente de ceux qu'elle avait crus ses amis, souffrant

des douleurs atroces, sans consolation, sans espérance,
Madame Dorival, encore jeune, voyait la mort s'approcher
sous la forme la plus hideuse. Tantôt elle l'invoquait
à grands cris, et tantôt un retour sur sa conduite passée lui
inspiraient des terreurs qui troublaient le peu de sommeil
dont elle pouvait jouir. Elle regrettait alors les consolations
que la religion aurait pu lui offrir. Dois-je trouver un juge
inexhorable, s'écria-t-elle, ou bien est-ce le néant qui doit
m'engloutir tout entière ?

» Cette anxiété, ces incertitudes augmentaient encore son
mal, et la plongeaient quelquefois dans des accès de désespoir vraiment effrayant ; des cris de rage, des hurlements
mêlés de blasphèmes effrayaient ses domestiques, et les éloi-
gnaient d'elle.

» Une femme de chambre qui lui avait toujours été fort
attachée, touchée des tourments de sa maîtresse, chercha un
moyen de les diminuer. Elle alla trouver un vertueux ecclésiastique qui mettait tout son bonheur à remplir les devoirs
de son état, et le premier de ces devoirs à ses yeux était de
consoler les malheureux ; elle le prévint de l'état de madame Dorival, de sa faiblesse, de ses préjugés, de ses erreurs.
Le zèle du bon prêtre ne se rebuta pas des difficultés qu'il
devait éprouver pour parvenir jusqu'à elle, et sa complaisance
alla jusqu'à changer de costume pour ne pas l'effaroucher,
sous le prétexte adroit de lui proposer un remède infaillible
contre la maladie dont elle était atteinte. Il eut l'art de s'in-
troduire chez elle, et de lui inspirer de la confiance, non-
seulement elle le consulta sur ses maux physiques, mais
elle lui parla avec un grand abandon de ses opinions religieuses, lui communiqua ses doutes qu'il combattit victorieuse-
ment, et mit avec adresse les avantages d'une morale conso-
lante, qui satisfait le cœur et la raison, en opposition avec les
sophismes destructeurs de tous les principes qui anéantissent
l'espérance et plongent dans un chaos d'incertitudes. Madame Dorival, à moitié convaincue, se promit de réfléchir

sérieusement sur un entretien qui venait de réveiller en elle les premières idées religieuses de la jeunesse, que l'on peut oublier, mais que tout le délire des passions ne parvient jamais à étouffer entièrement. Le bon ecclésiastique la quitta, persuadé qu'il changerait bientôt ses opinions. D'elle-même la malade ramena le sujet de la conversation qui l'avait occupée, fit l'aveu de ses fautes, et parla des craintes que lui causait un avenir qui ne pouvait être pour elle qu'un terme d'expiation.

» C'est alors que le prêtre fit usage de toutes les consolations de la religion, et lui montra la miséricorde de Dieu comme étant inépuisable, et ses souffrances actuelles comme un moyen dont la Providence s'était servi pour la ramener dans la bonne voie.

» Il lui montra que la patience pouvait effacer tous ses dérèglements. Persuadée autant par la force des raisonnements que par les consolations qu'il lui offrait, madame Dorival abjura des erreurs qui avaient fait son supplice ; elle trouva dans l'espérance d'un avenir meilleur des forces pour supporter les maux qui l'accablaient, et la fin de sa carrière fut aussi édifiante que le cours de sa vie avait été scandaleux.

— Pauvre femme ! dit Séraphine en soupirant, quel dommage qu'elle soit morte de cette cruelle maladie ! Il me semble qu'elle aurait bien évité, si elle avait vécu, de revoir tous ceux qui l'avaient égarée, et qui ne venaient chez elle que pour la bonne table qu'ils y trouvaient.

— Maman, demanda Clément, qu'est-ce donc que des *parasites* ? Il me semble que vous avez dit ce mot, que je ne comprends pas. — Il équivaut, mon bon ami, à la dénomination de gourmand, d'imposteur, de flatteur ; il s'applique ordinairement aux personnes qui ont contracté l'odieuse habitude de vivre aux dépens des autres, et de payer par des flatteries la place qu'ils occupent à la table de ceux qu'ils flattent ; on les regarde comme des êtres vils dont on ne parle qu avec mepris. — En effet, c'est bien honteux d'aller quêter un dîner, et de se faire inviter, comme par force, chez des gens qui ne se soucient pas d'un importun. Il suffit d'avoir de la délicatesse et un peu d'amour-propre, pour ne jamais mériter ce nom; car tel pauvre que l'on puisse être, on a toujours la ressource du travail, et il es' bien rare que cette ressource soit insuffisante pour pourvoir aux besoins de l'existence. D'ailleurs, si l'on ne trouvait poir d'ouvrage, il me semble qu'il serait moins honteux d'avoue. out franchement sa misère à ceux qui pourraient la soula- ger, que d'aller s'asseoir, pour ainsi dire par force, à la table des gens qui se moquent de vous. — Je suis assez de ton avis ; mais ce qui est le plus sûr, pour éviter ces cruelles nécessi- tés, c'est d'acquérir les moyens de multiplier ses ressources en multipliant ses talents, alors on peut braver l'adversité, on conserve toujours sa propre estime, et l'on n'est pas exposé à être humilié par les autres.

» Mais il me semble, mes bons amis, que le serein est bien humide ce soir ; je crois qu'il serait prudent de rentrer. Comme malheureusement le terme de la guérison de Clé- ment est encore éloigné, nous aurons le temps de causer de tout ce qui pourra intéresser votre curiosité et votre ima- gination. »

DEUXIÈME LEÇON

DE L'OISIVETÉ.

Le jour suivant, le sort favorisa Gabrielle, qui fut libre de choisir le sujet de l'entretien. « Maman, dit-elle, j'ai pensé toute la journée à ce que vous nous disiez hier, des gens qui vivent aux dépens des autres, et je réfléchissais que si je tombais dans la misère, j'aurais bien de la peine à trouver moyen de pourvoir à mon existence ; et Dieu sait cependant que je serais au désespoir de vivre aux dépens de personne : comment faut-il donc faire pour éviter cette cruelle humiliation.

— En vous faisant sentir les inconvénients de l'oisiveté, je crois, mes enfants, que je parviendrai à résoudre facilement la question de Gabrielle ; et comme c'est un défaut qui n'est que trop commun, je ne suis pas fâchée que votre sœur m'ait fourni l'occasion de vous prouver combien de suites fâcheuses il peut entraîner.

» L'esprit est comme le corps, il lui faut de la pâture ; si on le laisse manquer d'aliment, il tombe dans l'inertie, et n'a plus de dignité.

» Cela est si vrai, que ceux qui se livrent à l'oisiveté ont à peine la force de produire une idée; il s'en suit de cette coupable indolence, que les devoirs les plus essentiels sont négligés, et que les facultés de l'âme n'étant pas exercées deviennent nulles : heureux encore quand la nullité est le seul résultat de ce dangereux défaut ! Le travail de l'esprit, au contraire, active notre âme, et met en jeu les ressorts, et nous marque une place honorable dans la société. En général, les personnes oisives sont faibles de caractère et sans énergie.

» Les femmes, quoique moins susceptibles de se livrer à l'étude des sciences que les hommes, doivent cependant ne pas négliger les ressources de l'esprit, qu'elles ne peuvent acquérir que par l'instruction. Elles ont l'avantage de pouvoir s'occuper de petits ouvrages analogues à leur sexe, et cette excellente habitude peut leur devenir d'une grande ressource, car, quoiqu'on soit dans l'aisance, riche même, il est important de contracter de bonne heure le goût du travail, il préserve de l'ennui, et de nombreuses expériences dues à des événements récents, prouvent la vérité de mon assertion. Dans quelque position que la Providence nous ait placés, le goût de l'occupation offre des avantages inappréciables. Il est bien rare que l'oisiveté n'entraîne pas l'indifférence pour l'ordre, et cette coupable indifférence a souvent entraîné la chute des personnes qui paraissaient les mieux établies.

Une mère de famille qui se livre à l'oisiveté néglige l'éducation de ses enfants, elle n'a pour son mari ni les prévenances, ni les attentions qui font le charme de l'intimité et qui en resserrent les liens; se livrant au sommeil aux heures où sa surveillance serait nécessaire, les domestiques abusent de cette insouciance et ne mettent aucun intérêt à remplir leurs devoirs, parce que personne ne les y encourage. Les enfants, livrés à eux-mêmes ou à la société des domestiques, contractent des habitudes vicieuses, un langage trivial, des attitudes messéantes ; heureux encore lorsque l'extérieur seul souffre de ces communications déplacées, et que leur cœur ne se ressent pas de la contagion des vices qui les entourent !

« Quelle différence de ce tableau à celui qu'offre la femme laborieuse ! Jamais l'ennui n'approche d'elle ; une sage activité prévient le désordre et l'empêche. Occupée du bonheur de ce qui l'entoure, ses enfants la respectent autant qu'ils la chérissent; ses domestiques la révèrent, et son mari, se reposant avec confiance sur sa vigilance, se livre sans inquiétude aux devoirs que sa position peut lui prescrire. Aimable dans la société, elle sait faire à propos les frais qui peuvent rendre sa conversation intéressante; le soin qu'elle a pris d'orner son esprit par la lecture l'empêche d'être déplacée dans un cercle de gens instruits ; son élégance n'emprunte pas les secours étrangers de l'art pour créer les parures dont elle veut s'embellir, car son intelligence lui fait deviner celles qui sont le plus à son avantage, et l'habitude qu'elle a contractée de se servir de l'aiguille avec adresse, lui fait un jeu de l'employer à cet usage. Dans la distribution de son temps, les choses utiles obtiennent toujours la préférence; mais elle ne néglige cependant pas les talents d'agrément ; sans leur sacrifier trop de temps, elle sait les faire servir à l'amusement de la société, ainsi qu'à ses délassements. La femme oisive semble, au contraire, n'exister que d'une manière animale, boire, manger, dormir, sont les trois parties qui divisent sa vie, et lorsque la mort vient mettre un terme à son inutilité, considérée dans la société comme un être nul, elle n'a aucun droit aux regrets de ceux pour qui elle n'a jamais fait de sacrifices. Dans les malheurs que la révolution française a fait éprouver à nos compatriotes, un grand nombre de familles se sont trouvées dispersées, errantes et dépouillées de leur fortune. J'étais à Soleure pendant ces époques désastreuses, et j'ai été témoin de deux faits qui viendront à l'appui de ce que je viens de vous dire.

» Une jeune et jolie femme, habituée à toutes les douceurs du superflu que peut donner une grande opulence, avait suivi son mari en Allemagne et fui le carnage et la terreur. Lancée sur le sol étranger, elle avait cru, comme la majeure partie de la France, que les événements qui désolaient ce beau royaume ne seraient qu'un orage violent, mais passager. Peu circonspecte dans l'emploi des sommes qu'elle avait emportées, ces ressources furent plus tôt épuisées que le calme ne fût revenu; cette imprévoyance devait coûter cher à ceux qui s'y livraient, et madame de Morel fut une des premières qui ressentit les tristes effets d'une funeste prodigalité.

» Son mari servait dans l'armée des princes ; plusieurs chevaux et une foule de domestiques, en satisfaisant sa vanité, diminuaient rapidement les fonds qu'on n'avait plus aucun moyen de renouveler. Il ne restait plus que trente louis à madame de Morel, qui s'était retirée à Soleure ; elle réfléchit que si cette faible ressource venait à s'épuiser, sa perte serait inévitable. Elle avait avec elle une femme de chambre dévouée et trois enfants, et cette nombreuse famille augmentait son inquiétude ; sa position était critique, elle eut le bon esprit de le sentir, et le courage d'y remédier.

» D'abord elle persuada à son mari de renoncer à la sotte vanité d'afficher une opulence qui n'était plus qu'idéale ; elle lui démontra l'impossibilité de soutenir le ton de dépense qu'il avait si imprudemment commencé.

» Quoique d'une complexion délicate, elle forma le projet le plus courageux. Dépouillant les vêtements de luxe pour en adopter de très simples, et réunissant toutes ses forces pour s'accoutumer à une fatigue qui lui était étrangère, elle partit à pied pour Saint-Gall, ville de Suisse, où il y a de riches manufactures de mousselines et de bonneteries. Elle eut soin de consulter tous ceux qui pouvaient l'empêcher d'être trompée dans ses achats ; et convertissant ses trente louis en mar chandises qui lui paraissaient devoir être d'un débit facile et avantageux, cette femme intéressante portait, comme Bias, toute sa fortune avec elle. Chemin faisant, elle débitait son ballot, se contentait d'un bénéfice modéré, et revenait gaiement auprès de sa petite famille, qu'elle avait laissée sous la garde de sa fidèle femme de chambre. Le bénéfice du voyage alimentait tout le monde jusqu'à une seconde entreprise, et elle n'altérait jamais son capital. Lorsque la vente avait été bien heureuse, elle procurait un peu plus d'aisance à ses enfants, et trouvait encore le moyen d'adoucir les privations que son mari avait été forcé de s'imposer.

» Le travail, ces courses continuelles, loin de nuire à sa constitution très-délicate, semblaient, par une grâce particulière de la Providence, avoir affermi son tempérament, et jamais elle n'éprouva la plus légère indisposition. Cette énergie préserva sa famille des plus grands malheurs.

» Lorsqu'on prit des mesures de rigueur pour forcer les étrangers de quitter la Suisse, l'habitude que madame de Morel avait prise d'acheter des marchandises dans les manufactures suisses la fit regarder comme *marchande*, et on lui conserva l'asile qu'on refusait aux malheureux émigrés ; elle eut la douce satisfaction de n'être à charge à personne et de pouvoir attendre paisiblement l'époque heureuse où il fut libre aux réfugiés de revenir dans leur patrie.

» Lorsqu'elle rentra dans cette belle France qu'elle n'avait quittée que pour sauver sa vie, elle trouva ses propriétés envahies, sans espoir de les recouvrer. Une faible portion d'héritage lui avait été conservée par les soins d'une parente intelligente : cette portion lui aurait paru insuffisante autrefois ; mais, formée par l'école de l'adversité, elle avait eu le courage d'abjurer tous les goûts frivoles qui entraînent une dépense inutile. Elle savait borner ses besoins au strict nécessaire, et sa raison n'eut aucun nouveau sacrifice à faire, lorsqu'elle se trouva dans une position de fortune extrêmement médiocre. Elle mit à profit les talents qu'une éducation soignée lui avait procurés dans des temps plus heureux ; et, voulant faire jouir ses enfants des mêmes avantages, madame de Morel fut leur unique institutrice. La Providence récompensa tant de courage et de résignation ; un héritage sur lequel elle ne comptait pas vint mettre cette mère de famille respectable à même d'établir avantageusement ses enfants. »

— Maman, dit Clément en souriant, il me semblait, pendant que tu faisais le portrait d'une femme laborieuse, que tu avais un miroir devant toi, car il te ressemble d'une manière si frappante qu'il n'y manque que ton nom, je t'assure. — Tu es un petit flatteur, reprit madame de Melleville ; mais pour ne pas donner le temps à l'amour-propre d'être flatté de la comparaison que tu viens de faire, je vais vous tracer, mes enfants, un tableau bien différent, quoique aussi vrai. A la même époque où je connus madame de Morel à Soleure, une autre de mes compatriotes faisait la triste expérience des fâcheux effets de l'oisiveté. Elle s'appelait madame de Nieulle, avait vingt ans, une santé robuste, mais une si grande indolence que rien n'avait le courage de l'animer, pas même son intérêt personnel. Deux domestiques la servaient, quoiqu'elle fût toute seule. Je l'ai vu pousser la paresse au point de sonner sa femme de chambre pour qu'elle lui ramassât le mouchoir qu'elle venait de laisser tomber à côté de sa *délassante*. Une personne de ce caractère devait être plus malheureuse que tout autre, par les circonstances et les événements du moment. Forcée d'errer de ville en ville, d'après les ordres rigoureux des puissances étrangères qui repoussaient les réfugiés, madame de Nieulle eut bientôt épuisé toutes ses ressources : sa dernière retraite fut à Vienne. En vain lui proposait-on différents moyens de s'occuper pour se soustraire aux horreurs de l'indigence ; dès qu'on lui prononçait le mot *travail*, elle tombait dans des spasmes alarmants ; et comme les bons cœurs sont extrêmement rares, et que dans le petit nombre de ceux qui sont disposés à obliger on rencontre généralement assez de discer-

nement pour préférer donner des secours à ceux qui sentent
l'utilité du travail, madame de Nieulle fut bientôt oubliée de
ceux dont elle réclamait à chaque instant la bienfaisance et
les secours. On trouva cette malheureuse femme morte
d'inanition dans le grenier qui lui servait d'asile. A peine
l'humanité jeta-t-elle quelques fleurs sur sa tombe, parce
que son indolente paresse avait refroidi la bonne volonté de
ceux qui auraient pu intéresser à son nom et à ses malheurs.

— Oh! mon Dieu, dit Séraphine, cette histoire me fait
frémir; il me semble que j'ai bien un peu de disposition à
avoir le même défaut que madame de Nieulle, n'est-ce pas,
maman? — C'est déjà un grand pas de fait pour se corriger,
que de connaître et avouer ses défauts. — Mais comment
faire pour se corriger? — Puisque tu conviens que tu as de
grandes dispositions à la paresse, il faut d'abord te résigner
à te lever de grand matin, à six heures, par exemple. —
Oh! chère petite maman, y pensez-vous? Il fait si bon rester
dans son lit bien chaudement! — En pareil cas, ma chère
amie, il ne faut jamais penser aux privations qu'on s'impose
mais seulement aux avantages que l'on doit retirer du sacrifice résolu. — C'est pourtant bien dur; cependant si vous le
jugez absolument nécessaire, je me soumettrai à me lever à
six heures du matin; c'est dit. — Voilà qui est très-bien. —
Est-ce tout, maman? — Non, chère petite; il faut distribuer
son temps de manière à ce qu'il ne reste pas un quart-d'heure
dans la journée qui ne soit employé utilement. — Quoi!
maman, pas un peu de récréation? — Je suis bien loin d'être
aussi exigeante; mais au lieu de rester étendue sur un banc
du jardin, comme tu le fais ordinairement, pendant la récréation, il faut courir, t'agiter, jouer au colin-maillard.
— C'est bien fatigant, chère maman. — Et c'est précisément
ce qui te convient; car cette activité un peu forcée donnerait
de l'activité à ton sang, et il te serait moins pénible après de
prendre du mouvement. — Je me soumets encore à tout cela,
pourvu que l'on ne me fasse pas toujours colin-maillard.

— Cela dépendra de ton adresse; car je suppose que tu n'as aucun doute sur la loyauté de tes frères et sœurs. — Non assurément. — Il faudra encore t'imposer volontairement une tâche un peu plus forte que les devoirs que je te donne à remplir. Et pourquoi donc faire, maman? — Par exemple, tu emploies tout ton temps à apprendre tes leçons, et je te vois bien rarement faire des ouvrages d'aiguille. Eh bien, il faut former la résolution de faire une demi-aune de feston, je suppose, ou de coudre, ou de broder, ou enfin tel autre ouvrage qui te conviendra davantage. — Mais, maman, où prendrai-je le temps de faire tout ce que vous me dites? — Tu verras, ma bonne amie, que tu en auras de reste, si tu n'en perds point; car c'est surtout l'emploi que l'on en fait qui habitue à n'en point perdre. Si, au lieu de rester des demi-heures entières à tourner dans ta chambre pour ranger une chose, et la déranger cinq minutes après, tu commençais, en te levant, à mettre de l'ordre dans tout ce qui doit te servir dans la journée, tu obtiendrais d'abord une grande économie de temps. — C'est que je ne me rappelle jamais de ce qui m'est nécessaire. — Tu ne manques cependant pas de mémoire, mais de réflexion; et voilà où gît la paresse de l'esprit. — Oh! Dieu, comme je voudrais donc être débarrassée de cette vilaine paresse! — Rien ne te sera plus facile, lorsque tu en auras vraiment la volonté. — Au moins j'essaierai de faire tout ce que vous me dites. — Et moi, je te prédis que tes efforts seront couronnés du succès.

» Mais il est temps de nous retirer, car je crains que Clément ne souffre davantage au grand air. — Non, maman; et je prends tant de plaisir à ce que vous voulez bien nous raconter, que je passerais volontiers toute la journée à vous entendre. — C'est donc une heureuse idée que j'ai eue de vous proposer de consacrer nos soirées à nous entretenir de tout ce qui peut vous plaire? — Oui, maman, et je ne trouve de long que les vingt-quatre heures qui précèdent nos entretiens. »

TROISIÈME LEÇON

HISTOIRE NATURELLE

La journée avait été un peu pluvieuse, et quelques gouttes perlées donnaient encore aux feuilles sur lesquelles elles reposaient une fraîcheur et un brillant qui charmaient les yeux; quelques insectes parcouraient en tous sens un gazon frais et touffu; ils semblaient se délecter à se balancer mollement sur quelques brins d'herbes qui leur prêtaient un appui momentané : les enfants s'amusaient tellement de cette activité qui les mettait à même de passer en revue une foule de petits animaux auxquels ils n'avaient jamais prêté d'attention, qu'ils en avaient oublié le tribut de distractions qu'ils étaient en droit de réclamer auprès de leur complaisante maman, sans crainte d'éprouver un refus.

Gabrielle fut la première qui se rappela qu'un autre genre d'amusements les attendait; et dédaignant tout à coup ce qui, peu de moments auparavant, faisait l'objet de son admiration, elle courut chercher le sac de *loto*, et proposa de voir qui serait assez heureux pour pouvoir désigner le sujet de l'entretien qui devait avoir lieu pendant cette soirée. Sa ferveur fut récompensée, et le plus gros numéro lui étant échu, elle pria sa maman de vouloir bien lui dire quelque chose de l'histoire naturelle; car un beau colimaçon, rayé de différentes couleurs, ranimait dans ce moment l'intérêt que lui avait inspiré le quart-d'heure d'auparavant cette variété si grande d'insectes, de scarabées, de mouches, de petits lézards qu'elle avait vus avec beaucoup de plaisir.

« Mes enfants, dit madame de Melleville après avoir réfléchi quelques instants, vous me demandez de vous parler sur l'histoire naturelle, et je m'en ferai un vrai plaisir. Mais, à force d'être riche, je ne sais qu'elle richesse je dois explorer la première; car l'histoire naturelle réunit tant de parties qui sont du plus grand intérêt, que je ne sais réellement par où commencer; et puisque Gabrielle m'a indiqué un ensemble qu'il me serait impossible d'embrasser dans son entier, je la prie de m'indiquer les détails qu'elle préfère. — Maman, faites-nous le plaisir d'abord de vouloir bien nous expliquer ce que l'on entend par l'histoire naturelle; et puis après je choisirai ce qui me plaira davantage. — Ce mot exprime, ma chère amie, la connaissance de la description de ce qui compose l'univers entier : l'histoire des cieux, de la terre, de tous les phénomènes qui se passent dans le monde, et celle de l'homme même appartiennent au domaine de l'histoire naturelle. Son objet est donc aussi grand que la nature, puisqu'il comprend encore tous les êtres qui vivent sur notre globe, qui s'élèvent dans les airs, ou qui respirent au sein des eaux. C'est vous dire assez, mes enfants, qu'un tel champ est trop vaste pour pouvoir le parcourir, et que l'esprit de l'homme est resserré dans des bornes trop étroites pour qu'il puisse observer à la fois toutes les beautés de l'univers. C'est dans les cabinets d'histoire naturelle où l'on peut trouver réuni ce que l'espace de plusieurs siècles fait découvrir. Jadis on attachait bien moins d'importance qu'a présent à l'étude de l'histoire naturelle, à qui les arts sont cependant si redevables; et l'on peut même dire qu'il n'y a guère qu'un siècle qu'on s'est appliqué avec intérêt et une application soutenue de la découverte des phénomènes que la nature nous offre à chaque pas. Cette étude a tant d'attrait, elle peut être si variée, que ceux qui l'ont entreprise ont presque toujours fini par lui consacrer leur carrière tout entière; mais le nombre de ce genre de savants est petit. C'est dans leurs ouvrages où l'on peut puiser la connaissance des secrets qu'ils ont pour ainsi dire dérobés à la nature; c'est en lisant les pages éloquentes écrites par l'immortel Buffon, que l'on apprend, par l'étendue des merveilles qu'il décrit, combien le Créateur de toutes ces merveilles est grand, bon et puissant. L'homme, pour qui tout a été fait, a lui-même un article très-étendu dans cet ouvrage; car, si Dieu a seul le secret de l'organisation morale de l'être qu'il a créé à sa ressemblance, son organisation physique n'est pas au-dessus de l'intelligence du naturaliste éclairé qui l'a étudiée avec une grande sagacité. Choisissez donc à travers tant de trésors, celui dont vous désirez vous enrichir, mes enfants; et si mes propres lumières ne suffisent pas pour répondre aux questions que vous m'adresserez, je serai bien sûre de ne pas m'égarer et de ne jamais rester au-dessous de mon sujet, en consultant le guide éclairé dont la science comme naturaliste, comme philosophe et grand écrivain, l'a placé parmi les plus grands hommes dont notre siècle s'honore.

— Maman, reprit Gabrielle, puisqu'il faut choisir malgré le désir que j'aurais eu de savoir ce que c'était que ces jolies petites bêtes vert et or qui se cachent sous les feuilles, je me fixe cependant à vous prier de me dire ce qui concerne l'espèce humaine; car encore vaut-il mieux connaître son histoire que celle des animaux. — L'homme n'est cependant, ma chère amie, que le premier des animaux; mais il est doué de la raison; et sous ce rapport ces avantages sont immenses. — Mais, maman, pourquoi dit-on que l'homme est

2..

un animal? — Parce qu'il fait partie du *règne animal*, c'est-à-dire qui comprend tout ce qui a vie et mouvement; car, pour ne pas s'égarer dans le labyrinthe immense de tout ce qui couvre le globe, il a fallu faire de ces objets une division qui pût aider à les reconnaître. Ainsi l'on a divisé les productions de la nature en ce qu'on appelle trois *règnes :* le règne *animal*, qui est le premier, comprend, comme je vous le disais tout à l'heure, tout ce qui a vie et mouvement, qui naît et qui meurt; le règne *végétal* est le second; il comprend tout ce qui végète et tire sa nourriture ou son accroissement des sucs nutritifs de la terre, comme les plantes, les arbres et les fleurs; le règne *minéral* est le troisième, et comprend ce qui est enfoui dans les entrailles de la terre, comme les métaux, les minéraux, les marbres, les pierres; mais en voilà assez pour vous donner une légère idée de la classification qu'on a dû accorder à l'homme. Vous avez lu l'Histoire Sainte, mes enfants, et vous savez, par conséquent, que Dieu fit l'homme à son image. Non-seulement il le doua d'une organisation si merveilleuse, que la moindre partie de son corps est un chef-d'œuvre, mais il l'a encore enrichi du pouvoir de communiquer ses idées, d'en créer à chaque instant de nouvelles, et voilà ce qui le distingue éminemment de l'animal brut; car l'homme parle, pense, agit, tandis que la brute est soumise à l'impression de l'instinct, qui lui indique la manière de veiller à sa conservation et de se reproduire : voilà où se bornent ses facultés.

— Mais, maman, dit Édouard, est-il vrai qu'il y a des hommes si cruels qu'ils mangent leurs semblables? Si cela était, ils seraient pires que les plus féroces animaux; car il me semble avoir ouï dire que même les tigres ne se mangeaient pas entre eux. — Il y a des pays à peine connus où, effectivement, on a découvert des peuplades sauvages, c'est-à-dire qui ne sont soumises à aucune loi, et qui sont *antropophages*, ou mangeurs d'hommes; mais il paraît que cette légradation horrible tient plus à la vengeance qu'à un goût qui paraît incompatible avec l'organisation morale de l'homme. Ces sauvages tuent les prisonniers qu'ils font à la guerre, les font brûler à petit feu pour les manger après. Probablement la cruauté de ces sauvages est excitée par le désir de se venger de leurs ennemis; car ils ne font éprouver aucun mauvais traitement à ceux qu'ils ne regardent pas comme tels.

» Ces déplorables exemples doivent nous montrer combien l'homme a besoin de lois et de religion, puisque, abandonné à lui-même, il peut se porter à d'aussi coupables excès. — Maman, dit Achille, n'y a-t-il pas des personnes bienfaisantes qui sont allées dans ces pays lointains pour tâcher d'éclairer ces pauvres misérables ? — Oui, mon ami, des prêtres pieux, animés du zèle le plus sublime, ont souvent couru risque de perdre la vie en allant chez les sauvages pour leur porter le flambeau de l'Évangile et celui de la civilisation. — O Dieu, qu'il fallait avoir de courage pour cela ! — Sans doute ; aussi c'est presque toujours la religion qui a inspiré un tel dévouement à ces courageux missionnaires ; elle seule est assez sublime, assez désintéressée, assez charitable pour suggérer une pareille vocation

— Pour moi, dit Clément, quoique je ne sois pas poltron, je ne me soucierais pas d'être croqué, je vous assure. Mais une chose que je serais bien aise de savoir, c'est quelle langue parlait Adam lorsque le bon Dieu le mit dans le paradis terrestre? Pourriez-vous nous le dire, maman. — Tu me demandes une chose, mon ami, qui a fait le sujet de bien longues discussions entre les savants, sans qu'on ait pu prononcer d'une manière bien certaine là-dessus; les uns prétendent que le chaldéen est la langue primitive; d'autres assurent que c'est le syriaque. Il n'y a pas jusqu'aux Chinois qui ne réclament l'honneur d'avoir conservé le langage d'Adam. Sans prononcer sur une question aussi difficile à résoudre, il me semble que puisque le berceau du genre humain fut placé en Asie, on doit supposer que c'est un des

idiomes encore en usage dans cette partie du monde qui doit
avoir été celui de notre premier père ; mais comme le nombre en est extrêmement varié, il me semble qu'il est plus
sage de renoncer à vouloir acquérir une certitude si difficile
à établir, que de perdre à cette vaine recherche un temps que
l'on pourrait employer d'une manière beaucoup plus utile.

— Mais, dit Gabrielle, il me semble qu'on aurait pu trouver un moyen qui n'était pas bien difficile pour parvenir à
cette découverte. — Et lequel, je te prie ? — Il aurait fallu
prendre un enfant tout petit, tout petit, et le mettre sous la
garde d'un sourd muet qui aurait pourvu à ses besoins,
mais qui n'aurait pu lui dire un seul mot : on aurait bien
vu par la langue que cet enfant aurait parlée, laquelle était
la primitive. — Cette expérience a été tentée d'une manière
plus inhumaine.

» Un Anglais, ayant conçu un vif désir d'éclaircir cette
question, sur laquelle on avait écrit déjà bien des volumes,
fut trouver un artisan très pauvre chargé déjà d'une nombreuse famille, et dont la femme était encore enceinte ; il eut
l'air d'être touché de sa misère, et lui proposa de lui donner
une somme considérable, à condition qu'il lui céderait l'enfant à qui sa femme allait bientôt donner le jour. Pressé par
le besoin, et bien convaincu que celui qui lui proposait cet
arrangement ne voulait pas faire de mal à son enfant, sa
misère et sa cupidité le déterminèrent à renoncer aux droits
de la paternité, et il signa l'arrangement qu'on lui avait
proposé. Lorsque cet enfant fut né, l'Anglais s'en empara et
le confia à une nourrice dont il s'était emparé, et qu'il payait
fort cher, sous la condition expresse qu'elle ne prononcerait
jamais une parole en présence de son nourrisson.

» Cet enfant fut ainsi élevé silencieusement jusqu'à l'âge
de six ans, où l'Anglais lui fit faire une petite chambre de
bois où il y avait un tour par lequel on lui passait à manger,
et s'embarqua avec lui sur un vaisseau qui partait pour l'A-
mérique ; il fit relâcher le vaisseau à une île qu'il savait

bien être déserte, et fit porter la chambre de bois sur le
rivage par des matelots qui avaient aussi les ordres les plus
exprès de ne pas prononcer un seul mot devant le pauvre
petit prisonnier; mais comme un des matelots s'amusa à
tourmenter l'enfant dans sa cage, son compagnon, plus humain, lui dit : *laissez-le en repos*. Ce fut la seule parole
qu'il entendit.

» L'Anglais ayant accompagné son pupille avec le projet
de le diriger dans ce qu'il aurait à faire pour pourvoir à son
existence, n'ouvrit la chambre que quand le vaisseau eut
gagné le large, et qu'il n'y avait plus de moyen de communication à redouter.

» D'abord le petit garçon profita de la liberté pour courir
dans tous les sens et exercer ses jambes avec une grande
agilité. L'Anglais ne pouvant le suivre, l'eut bientôt perdu
de vue, mais il compta sur le besoin de nourriture pour le
lui ramener. Effectivement, lorsque le soir fut arrivé, Tom
accourut vers son patron, en répétant à diverses reprises :
laissez-le en repos. Comme c'était la seule phrase qu'il eût
jamais entendue, elle devait servir probablement tout ce
qu'il pouvait désirer : pour s'en convaincre, l'Anglais lui présenta une pomme de terre crue sur laquelle il se jeta pour
la dévorer; mais l'ayant rejetée aussitôt, Tom répéta tristement : *laissez-le en repos*.

» Comme il entrait dans le plan de l'observateur d'accoutumer son élève, ou plutôt sa vie intime à se passer de tout le
monde, il ne lui donna rien pour apaiser sa faim, mais lui
indiqua du geste un arbre chargé de fruits, dont la tige unie
demandait beaucoup d'adresse de la part de celui qui entre-
prendrait de le dépouiller de ses richesses. Tom s'élança d'abord
avec beaucoup de légèreté; mais comme deux fois il retomba
sans pouvoir atteindre au fruit dont il avait besoin, et ce
mauvais succès le découragea, il se mit à pleurer, en donnant tous les signes d'impatience et de colère possibles.

L'Anglais n'en fut point ému, et attendant de la nécessité

l'inspiration de lui faire un nouvel essai, il le vit en fin avec plaisir prendre un élan plus impétueux, atteindre aux fruits désirés, et par précaution en jeter par terre une certaine quantité, afin d'en être suffisamment rassasié.

» Tom était si content du repas qu'il venait de faire, qu'après avoir quitté l'arbre, il fit de grands éclats de rire, frappa dans ses mains, et donna tous les signes d'une joie immodérée. Le lendemain, il courut vite, sans revenir auprès de son patron, comme le jour précédent, parce qu'il sentait apparemment qu'il n'avait pas besoin de secours étrangers pour se nourrir, les arbres fruitiers étant en grande abondance dans cette île. L'Anglais eut la constance de rester trois ans dans ce lieu sauvage, pour suivre son projet ; mais Tom ne prononça jamais d'autres paroles que celles qu'il avait entendues une seule fois ; seulement de temps en temps des sons inarticulés peignaient sans doute les sensations qu'il éprouvait. Il était devenu tellement sauvage dans cet état d'abandon apparent, qu'il mangeait tout crus les petits oiseaux qu'il trouvait dans leurs nids ; et qu'ayant pris un jour à la course un petit animal qui ressemblait à un lièvre, il le déchira et mangea ses membres palpitants, sans prendre la peine de les dépouiller de leur peau. Voyant que l'expérience qu'il avait voulu faire n'amenait aucun résultat, l'Anglais se décida enfin à ramener Tom en Europe ; et comme il avait donné l'ordre au vaisseau qui l'avait mené de passer tous les ans à la même île, afin de reconnaître sa détermination, la première fois qu'il aborda, il voulut en profiter pour revenir en Angleterre.

Une difficulté qu'il n'avait pas prévue, était l'opposition que Tom pourrait mettre a l'exécution de son projet ; et lorsque le petit sauvage vit des hommes que le temps avait effacés de sa mémoire, il s'enfuit dans l'épaisseur de la forêt, sans qu'on pût l'atteindre. Pendant plusieurs jours de suite, l'équipage du vaisseau fit dans l'île des recherches inutiles, Tom avait eu l'adresse de se dérober à tous les regards ; et sérieusement inquiet sur le sort futur de cet enfant, l'Anglais voulut se mettre lui-même à la tête de ceux qui le cherchaient.

» Tom s'était réfugié dans le creux d'un arbre qui lui servait de retraite pendant la nuit; il n'en sortait que quand ceux qui le poursuivaient étaient trop éloignés pour l'apercevoir. L'Anglais ayant aperçu quelques mouvements à travers le feuillage, fit cerner l'endroit où il supposait que Tom était caché; on avait l'espoir de le saisir, lorsqu'il grimpa sur un tamarinier et lança des pierres, dont il avait fait provision, à ceux qui voulaient s'emparer de sa personne; une de ces pierres atteignit l'Anglais et lui fendit le crâne. Les matelots, furieux de la mort de celui qui les payait largement, 'firent une décharge de leurs armes à feu sur le malheureux Tom, qui tomba de son arbre en prononçant pour dernières paroles : *laissez-le en repos.* Telle fut la suite tragique d'une expérience où il entrait plus d'égoïsme que de désir de servir l'humanité par une découverte utile; car, assurément, il aurait été bien plus digne d'un bon cœur d'aider le pauvre père de famille à nourrir et à élever son treizième enfant que de faire servir à satisfaire une vaine curiosité, cette pauvre victime qui aurait pu être, dans l'ordre où la nature l'avait placé, un bon fils, un citoyen estimable et un honnête homme. »

L'histoire de Tom avait fait une telle impression sur l'imagination de la petite famille, que toute la curiosité qu'elle avait d'abord montrée sur le sujet que Gabrielle avait choisi, s'évanouit devant les tristes idées qui se présentaient dans ce moment, et madame de Melleville, assez contente de ce qu'on ne lui faisait plus de questions sur un sujet qui aurait peut-être fini par l'embarrasser beaucoup, loin de chercher à prolonger l'entretien, profita d'un bâillement assez profond que laissa échapper Clément pour proposer d'aller prendre un repos qui paraissait nécessaire.

QUATRIÈME LEÇON

DE L'ÉGALITÉ D'HUMEUR

Une légère querelle avait troublé pendant la journée l'harmonie qui régnait habituellement parmi les enfants de madame de Melleville. Achille avait reproché à Séraphine d'avoir de l'humeur; elle s'était défendue de son mieux contre cette inculpation, mais pas assez bien cependant pour qu'il ne perçât à travers la défense une teinte d'aigreur qui justifiait l'assertion d'Achille. Comme toute espèce de dissension devait disparaître devant les charmes attachés à la réunion du soir, le nuage qui avait obscurci la bonne union accoutumée était tout à fait éclairci lorsqu'il fut question de tirer au sort. Clément fut le maître de choisir, et remit son droit à sa maman, qui profita de la circonstance pour faire quelques réflexions sur l'égalité d'humeur et les avantages qu'elle présente.

« Mes enfants, dit madame de Melleville, la paix dans la vie intérieure est assurément le plus grand des biens ; mais

le seul moyen de l'obtenir, c'est de faire en sorte d'avoir toujours l'humeur égale. L'indulgence funeste qu'on a quelquefois pour les premiers caprices de la jeunesse est souvent la
cause d'un défaut qui nuit au bonheur domestique plus que
tout autre faiblesse : car quel est le mari qui rentrera chez
lui avec plaisir, s'il peut avoir la crainte bien fondée de
trouver sa femme maussade ou grondeuse? Comment peut-
on espérer de mériter la confiance de ses enfants, lorsque se
laissant souvent entraîner par une humeur bizarre et inégale, on les traite presque toujours avec injustice? Peut-on
compter sur le respect et l'affection de ses domestiques, lorsque, par esprit de caprice, on double le malheur de leur position en les brusquant à tort et à travers? Le sage a dit :
Mieux vaut manger du pain sec dans la maison où règne la
paix, que des viandes bien apprêtées dans celle où il y a des
querelles; » et dans cette maxime il a peint tous les inconvénients attachés à l'inégalité d'humeur : c'est presque toujours ce défaut qui allume le flambeau de la discorde dans
les ménages. Quoi de plus insupportable, en effet, que d'être
obligé d'étudier l'humeur de ceux avec qui l'on passe sa vie,
avec la même inquiétude que l'on consulte un baromètre
pour savoir s'il est au beau temps ou à la tempête? Il y a
des personnes qui paraissent charmantes le matin, et qui,
sans aucun motif, sont insupportables le soir. Quel fond
peut-on faire sur de pareils caractères? Peut-on se livrer
avec eux aux doux épanchements de l'amitié ou de la confiance. Osera-t-on demander conseil à une femme dont les
opinions varient avec la mobilité d'une girouette? Pourra-
t-on faire une observation sage, une contradiction utile sans
risquer de s'exposer aux bruyants éclats de sa colère? et
n'est-ce pas un supplice journalier que d'être forcé d'observer sans cesse ses moindres paroles? Mais, en rendant les
autres malheureux, voyons si ceux qui ont ce défaut peuvent
être heureux eux-mêmes. Lorsqu'on se livre à cette inégalité d'humeur si désagréable, on croit toujours avoir »

plaindre des autres, et assurément c'est un état pénible; mais, en voyant combien les effets produits par ce défaut sont insupportables, je voudrais vous indiquer, mes enfants, les moyens d'en combattre la cause.

» Je crois que l'inégalité d'humeur tient à une faiblesse de caractère qu'on ne s'est jamais donné la peine de combattre, et qui n'a pas eu le courage de s'opposer aux impressions du moment. La réflexion est sans doute le plus sûr antidote contre cette fâcheuse disposition ; car, si on se donnait la peine de réfléchir, on verrait les objets sous leur véritable point de vue, on ne s'exagèrerait pas des désagréments qui ne tiennent qu'à une fausse manière de voir : bien des choses ne sont impossibles que parce qu'on s'est accoutumé à les regarder comme telles. Une opinion contraire, soutenue par le courage de vouloir être bien, rendrait facile ce que la faiblesse et la lâcheté font regarder comme impraticable.

» On croit donner une raison suffisante de la facilité avec laquelle on cède à ses penchants, en disant : « Je ne puis être autrement ; » mais si on avait une volonté forte et bien déterminée d'extirper un défaut ou d'acquérir une vertu, on en viendrait à bout. Si le bonheur des autres n'était pas un motif suffisant pour se vaincre, on devrait au moins consulter l'intérêt personnel, qui dirait sans doute qu'en tourmentant les autres continuellement, on s'expose à lasser leur patience et à ressentir les effets d'une autorité qui n'était qu'assoupie; tous les maris ne sont pas d'humeur à supporter les caprices d'une femme maussade, et plus d'un ont employé, pour les corriger, des moyens qui ne leur étaient pas agréables.

» M. de Lignecour était un négociant du Havre, estimé par sa probité et la régularité de ses mœurs et d'un bon caractère. Resté veuf de bonne heure avec deux enfants en bas âge, il pensa à se remarier, plus pour l'intérêt de ses enfants qui exigeaient des soins que ses occupations l'empêchaient de leur donner, que pour son bonheur personnel.

Voulant faire un choix sage, analogue à ses vues paternelles, il demanda la main de mademoiselle de Corval, qui avait vingt-huit ans, de la beauté, et jouissait d'une réputation intacte : ce choix était d'un homme raisonnable, et il obtint la demoiselle.

» Un incident de peu de conséquence en apparence fit quelque impression sur l'esprit de M. de Lignecour. Le jour de son mariage, en se rendant à l'église pour la cérémonie, il entendit une maudite pie, dont la cage était accrochée sur le devant d'une boutique, répéter à plusieurs reprises : *Tu t'en repentiras*. Et quoique M. de Lignecour ne fût point superstitieux, ces mots dits dans une circonstance si analogue lui parurent un présage de mauvais augure ; il en fut même tellement affecté qu'il en conserva toute la journée une mélancolie qu'il chercha vainement à vaincre. Ces sinistres paroles retentissaient sans cesse à son oreille ; et au moment où, suivant l'usage, il ouvrit le bal en dansant un menuet avec la mariée, il se tourna brusquement du côté de l'orchestre, croyant que l'accord des instruments avait préludé d'une manière très-distincte : *Tu t'en repentiras*.

» Cependant le soin de faire les honneurs de la fête, les compliments flatteurs de la société qu'il avait réunie chez lui, et par dessus tout cela l'amabilité de sa nouvelle moitié, qui mit une grâce infinie dans les frais qu'elle fit pour être agréable à la société, dissipèrent cette triste impression.

» Six semaines se passèrent dans les fêtes, et une dissipation continuelle. Madame de Lignecour fut pendant ce temps prévenante pour son mari, caressante pour ses enfants d'adoption, et charmante pour tout le monde. Mais les fêtes ne pouvaient pas toujours durer, et vint enfin le moment où, rendu entièrement à soi-même, on devait connaître mutuellement son caractère d'une manière plus intime. Pendant cette lune de miel, M. de Lignecour n'avait découvert dans sa femme que des qualités attachantes. Enchanté d'elle, il croyait qu'il lui devait tout le bonheur que peut désirer un

galant homme ; ce ne fut donc qu'avec une extrême surprise qu'un jour où il rentrait chez lui en sortant de la
bourse, il entendit retentir dans sa maison les bruyants éclats
de la colère et de l'emportement. Croyant qu'il était arrivé
quelque accident à ses enfants, il entra avec précipitation, et
ne fut pas médiocrement surpris en voyant sa femme l'œil
en feu, les traits décomposés, ayant l'air d'une furie ; elle
invectivait un de ses laquais, avec une grande violence.

» La cause de cette scène scandaleuse était la maladresse
du laquais qui avait pris un pot de pommade de concombre
pour du saindoux, et en avait régalé une petite chienne dont
la femme de chambre de madame était très-entichée. La
querelle éclaircie et apaisée par les soins du conciliant mari,
qui promit à sa femme de lui faire venir de Paris une caisse
remplie de cosmétiques les plus recherchés, M. de Lignecour
se permit dans le tête à tête quelques réflexions sages et
faites avec douceur sur l'emportement que madame avait
manifesté ; mais ces réflexions furent si mal accueillies, qu'il
s'ensuivit une bouderie qui dura près de huit jours. La patience et la douceur de M. de Lignecour dissipèrent cet orage,
et madame de Lignecour reprit sa sérénité ; mais chassez le
naturel, il revient au galop. Les scènes devinrent fréquentes,
les caprices insupportables ; et une grossesse étant survenue,
en prescrivant les plus grands égards pour sa femme qui se
trouvait dans cet intéressant état, les tourments du malheureux époux doublèrent.

La volonté du matin n'était jamais celle du soir ; plus
d'une fois il arriva que toute la maison était transportée à la
campagne sans que M. de Lignecour en fût prévenu, et le
jour même où il amenait des amis souper chez lui, il n'y
rencontrait personne. Dans les caractères les plus doux, la
patience a des bornes. Après avoir épuisé tous les moyens de
persuasions pour rendre sa femme plus raisonnable, et toujours inutilement, M. de Lignecour résolut de ne plus opposer aucune digue à la violence de ce torrent, mais de prendre

sa revenche. Après cette époque, cet instant ne tarda pas à
arriver : madame de Lignecour eut un accès de colère qui
lui fit faire une fausse couche et mit sa vie en danger ; mais,
à force de soin, on parvint à la sauver. Une sombre tristesse
avait succédé à l'impétuosité de ses emportements ; elle ne se
mettait plus en colère, mais elle n'en tourmentait pas moins
tout le monde par ses caprices et ses inégalités. Voyant que
c'était un être sur qui la raison et l'amitié ne pouvaient obtenir aucun sacrifice, M. de Lignecour changea de batterie.
Au ton doux qu'il avait employé jusque-là, il en fit succéder
un très-sec et très-impérieux. D'abord on se révolta, on jeta
les hauts cris ; mais comme à cette nouvelle conduite il ajouta
un sang-froid imperturbable, ces plaintes se perdirent dans
les vagues des airs.

» Madame de Lignecourt ayant annoncé le projet de renouveler les scènes violentes qui avaient mis plus d'une fo's
son époux au désespoir, il voulut prévenir de nouveaux
scandales ; et un jour où sa femme paraissait d'une humeur
charmante, il lui dit qu'il avait préparé une jolie fête sur un
des vaisseaux qu'il avait dans le port. Madame de Lignecour
témoigna beaucoup de satisfaction ; mais ses idées riantes
s'évanouirent bientôt, lorsqu'au lieu de la société nombreuse
qu'on lui avait dit devoir se rendre à bord du vaisseau, elle
s'aperçut qu'on était en pleine mer, et que le vaisseau s'é-
loignait du port avec une grande rapidité. D'abord elle cria à
la trahison, voulut se précipiter dans les flots, et fit toutes
les extravagances que peut suggérer un caractère emporté.
Les apprêts de la fête avaient disparu ; et après lui avoir
laissé exhaler un torrent d'injures, M. de Lignecour dit froidement à quatre matelots vigoureux qu'il avait chargé du
soin de la contenir : « Si cette femme ne devient pas plus
raisonnable, liez-lui les pieds et les mains, et amenez-la
coucher à fond de cale ; » puis il se retira.

Madame de Lignecour essaya de fléchir les matelots et de
les gagner ; mais, accoutumé à une obéissance passive, ils

ne firent pas plus d'attention à ses prières et à ses promesses
qu'il n'en avait fait à ses menaces ; et, vaincue par la fatigue,
elle prit le parti de coucher dans le hamac qu'on lui avait
préparé. Sa nuit fut agitée, car on ne passe pas tranquille-
ment de l'habitude de faire céder tout le monde à ses caprices
à celle d'être dominée à son tour.

» Le lendemain, sa contenance fut très-embarrassée avec
son mari, qui lui dit sans s'émouvoir qu'ayant des affaires à
Saint Domingue, il lui en faisait faire le voyage ; qu'une
bonne conduite soutenue réglerait seule celle qu'il aurait
avec elle en arrivant en Amérique, parce que, fatigué d'être
l'esclave des caprices les plus déraisonnables, il voulait lui
prouver qu'il avait assez de force dans le caractère pour ne
pas être malheureux volontairement.

» Ce discours, prononcé d'un ton résolu, était appuyé
par une ceinture garnie de pistolets qui donnait à l'époux
irrité la mine la plus rébarbative, et les dociles matelots sur-
veillaient si exactement tous les mouvements de la dame,
qu'il n'y avait pas d'espoir pour elle d'échapper au traitement qui la menaçait. En pleine mer il n'est guère possible de
combiner des projets de fuite ; et, quelque rigoureux que lui
parût son sort, il était encore plus facile de s'y soumettre que
de risquer de l'aggraver en se livrant à des emportements
inutiles.

» Elle prit le parti de garder un profond silence : c'était
une première victoire remportée sur la violence de son caractère ; mais si l'on peut garder le silence pendant deux
jours, et peut-être huit même, comment une femme aura-t-
elle pu se résoudre à rester muette pendant six semaines,
temps ordinaire de la traversée? Au bout de quelques jours
elle se hasarda à faire différentes questions aux matelots, qui
y répondirent avec complaisance.

» M. de Lignecour paraissait rarement devant son épouse,
mais il savait exactement sa conduite par les personnes qu'il
avait placées près d'elle.

» Le voyage dura trois mois, et fut orageux ; plusieurs
tempêtes faillirent faire périr le vaisseau ; et, par un con-
traste assez étonnant, plus la violence des éléments se mani-
festait, et plus le caractère de madame de Lignecour paraissait devenir doux. Enfin l'on arriva.

« M. de Lignecour avait plusieurs habitations à Saint-
Domingue ; il eut soin d'en faire voir tous les détails à sa
femme, et lui dit un jour : « Vous m'avez forcé par vos caprices à sortir de mon caractère, et à vous priver de ma tendresse. J'avais espéré trouver en vous une compagne douce
et aimante, et pour mes enfants une mère tendre, jalouse de
leur bonheur ; loin de là, je n'ai trouvé qu'une furie achar-
née à nous rendre tous malheureux ; vous êtes devenue le
fléau de tout ce qui vous entourait. Il me serait facile de
vous punir, j'ai préféré vous corriger. J'ai fixé à un an votre
séjour à Saint-Domingue : si pendant ce temps vous ne me
donnez aucun sujet de plainte, je vous rendrai mon amitié,
vous reviendrez au Hâvre, où nous pourrons encore jouir
d'un bonheur que vous seule avez troublé. Mais si vous ne
faites aucun effort pour vaincre votre insupportable humeur, je jure par tout ce qu'il y a de plus sacré, de vous laisser ici en exil pendant toute votre vie, et je saurai vous
réduire à l'état des nègres qui vous parait si déplorable. »
Madame de Lignecour se contenta de soupirer, et ne répondit
rien. Au même moment le nègre commandeur passa, et ap-
pliqua vingt coups de fouet sur les épaules d'un pauvre
esclave coupable seulement d'une légère inadvertance. Cet
acte de sévérité fit frémir madame de Lignecour ; il lui semblait ressentir les atteintes du redoutable fouet, et les réflexions les plus salutaires remplacèrent les élans d'un caractère fougueux qu'elle n'avait jamais pris la peine de réprimer.
Le temps d'épreuve s'étant écoulé à la satisfaction des deux
époux, ils revinrent en France avec la ferme résolution de ne
plus troubler un bonheur qui pouvait être sans nuage ; et
madame de Lignecour eut la satisfaction d'être tendrement

chérie, du moment où elle voulut bien prendre la peine de
mériter de l'être. »

Bravo ! s'écria Achille ; voilà un mari comme j'en serai un
si jamais j'épouse une femme capricieuse. N'est-ce pas,
maman, que j'aurai raison ? — Je n'ose te dire que tu ferais
mal de suivre cet exemple, mais ce que je t'observerai, c'est
que l'inégalité d'humeur qui est bien désagréable chez les
femmes, l'est encore plus de la part des hommes. — Pourquoi
cela, maman ? — Parce que naturellement plus brusques,
plus despotiques, ils n'ont aucun de ces retours aimables
avec lesquels les femmes ont l'art de faire excuser leurs faiblesses. — Mais aussi les hommes sont bien différents, ils
ne sont pas sujets aux caprices. — Ne t'y trompe pas, mon
cher ami ; il y a beaucoup d'hommes qui paraissent charmants dans la société générale, parce qu'ils font beaucoup
de frais pour y plaire, et qui sont insupportables dans la vie
domestique, ne rapportant chez eux qu'un front soucieux et
un air ennuyé ; ne répondant aux attentions empressées de
leurs épouses que par un insultant dédain ; ne daignant pas
ouvrir la bouche lorsqu'ils sont chez eux ; repoussant les
caresses de leurs enfants, brusquant leurs domestiques, et ne
paraissant satisfaits que quand ils peuvent échapper à l'ennui
que leur cause une intimité dans laquelle cependant ils de-
vraient trouver le charme de leur vie. — Eh bien, dit Séraphine, il faudrait envoyer ces vilains maris encore plus loin
que Saint-Domingue. — Oui, chère enfant ; mais c'est que
les hommes ont le droit de punir, et que les femmes doivent
avoir la science de se soumettre. — C'est-à-dire, maman,
que si M. de Lignecour avait été aussi insupportable que sa
femme, elle n'aurait pas eu le droit de s'en plaindre. — Ce
qu'elle aurait eu de mieux à faire, aurait été de le vaincre par
la douceur et la patience : ce sont les armes les plus sûres que
peuvent employer les femmes. — Il me semble pourtant que
cela n'est pas juste, et que tout devrait être égal. — On a
jugé apparemment que nous étions plus susceptibles que les

hommes de faire des sacrifices à la raison, puisque la société nous a imposé des lois plus sévères. — Ne serait-ce pas, maman, parce que ce sont les hommes qui ont fait les lois, et qu'ils se sont traités en amis ? — Cela pourrait bien être ; mais comme pour décider cette question nous serions forcées d'invoquer leur témoignage, n'éveillons pas le chat qui dort, et contentons-nous de faire en sorte qu'on n'ait rien à nous reprocher du côté de la douceur. Si j'ai le loisir de vous conter quelque jour une histoire dont j'ai connu tous les détails, vous verrez combien cette qualité peut être avantageuse. »

On se retira avec le désir de rappeler le lendemain à madame de Melleville la promesse qu'elle venait de faire ; et Achille, tout content du modèle à venir qu'il avait trouvé dans M. de Lignecour, répéta à sa sœur plus de dix fois : « Prends garde, prends garde que ton mari ne te conduise un jour à Saint-Domingue »

CINQUIÈME LEÇON

DES TALENTS

Le bon numéro était échu à Achille, qui, ne se souciant pas apparemment de ramener la conversation sur la douceur, dans la crainte qu'on ne fît quelque application qui lui eût été défavorable, dit à sa maman : Je voudrais bien savoir à quoi peuvent servir les talents ? On recommande toujours d'en acquérir, et si c'est pour s'amuser, je conviens qu'on fait bien de les cultiver ; mais pour l'utilité, c'est bien différent. — Tu n'as sans doute pas réfléchi à ce que tu viens de dire, mon ami, car tu aurais vu que si nous avons besoin de ressource contre l'oisiveté, qui engendre toujours l'ennui, il ne peut y en avoir une plus utile et plus agréable que les talents, ils contribuent à l'amusement des autres ; et nous occupent d'une manière innocente et pleine de charmes. C'est dans la jeunesse que l'on doit les cultiver, parce que les devoirs étant moins multipliés à cette époque de la vie, on peut sans inconvénient y consacrer une partie de son temps. En accordant aux talents les éloges qui leur sont dus, j'inviterai aussi à se garantir de l'inconvénient de leur donner plus d'importance qu'ils ne doivent en avoir, et de ne jamais préférer le frivole à l'utile; car le bien peut devenir un mal si on ne le soumet pas aux règles de la prudence. Par exemple, on ne pourrait que blâmer les jeunes personnes qui se livreraient si exclusivement à l'étude des talents, que des connaissances essentielles sur d'autres objets leur deviendraient tout à fait étrangères.

» Les arts sont compris dans la dénomination des talents : la musique, la peinture, la broderie, la danse même composent une partie de leur nomenclature. Les personnes qui, par la position de leur fortune, se destinent à être artistes, peuvent seules s'appliquer à les acquérir en y consacrant tout leur temps sans en encourir de blâme, parce que pour atteindre à la perfection dans un art quelconque, ce n'est pas trop que d'employer les plus brillantes années de la jeunesse. La peinture surtout entraîne des longueurs extrêmes pour y devenir un artiste consommé. Mais le grand art que nous donne le bon sens et le jugement, c'est de savoir nous tenir dans la place que la Providence nous a marquée; car si c'est chose charmante de bien toucher du piano, ou de jouer de la harpe avec agrément, ces talents ne sont aimables que lorsqu'ils sont cultivés sans prétentions, avec modération, et qu'ils ne nuisent pas à l'accomplissement de devoirs plus essentiels. La jeune mère nourrice qui résisterait aux cris de son enfant pour achever l'étude d'une sonate serait sans doute très-coupable. Les talents ont un rapport d'utilité qui peut les rendre très-précieux : pour combien de personnes ne sont-ils pas devenus des ressources d'existence? On ne peut calculer ni prévoir tous les caprices de la fortune, et c'est agir avec sagesse que de se tenir en garde contre les évènements. Dans le nombre des talents que peuvent cultiver les femmes, la musique et la peinture ont quelques droits à leur préférence; car une voix touchante, ménagée avec flexibilité, a souvent l'avantage de fixer dans sa maison l'époux frivole qui pourrait se laisser entraîner par des distractions étrangères, s'il n'en trouvait pas d'agréables chez lui; et combien il est intéressant de voir une jeune mère guider sur le clavier les doigts tremblants de sa fille, ou tracer d'une main légère l'esquisse d'une fleur, d'un paysage, et la donner pour récompense ou pour modèle à ses joyeux enfants.

» Voilà les rapports généraux sous lesquels la culture des talents est intéressante; je vais vous prouver, par l'histoire d'une jeune personne, combien elle peut devenir utile. A l'époque de l'émigration, une famille qui habitait la Franche-Comté, s'enfuit en Suisse. Monsieur et madame de Précourt, et leur fille Clémence, composaient cette famille qui se retira d'abord à Bâle. Mais de nouveaux événements les ayant forcés de s'éloigner encore plus, ils parcoururent une partie de l'Allemagne, et se fixèrent enfin à Vienne.

»Des devoirs impérieux entraînèrent M. de Précourt à l'armée des princes, où il fut tué; et sa veuve ainsi que ses filles restèrent sans appui. L'argent commençait à leur manquer; un retour en France offrait tant de dangers, qu'il paraissait presque impraticable; d'ailleurs il n'aurait pas servi leurs intérêts bien utilement, puisque toute leur fortune était confisquée et vendue. Il fallait cependant prendre un parti, et chercher les moyens d'éloigner l'indigence.

» Clémence avait toujours aimé à s'occuper; elle s'était appliquée particulièrement au dessin et à la broderie.

» Sa mère, dont l'éducation avait été aussi très-soignée, savait parfaitement la grammaire. Lorsqu'on connaît les principes d'une langue, il est plus facile d'en apprendre une autre; et madame de Précourt, qui savait un peu d'allemand, chercha des écoliers pour montrer le français. Elle en trouva quelques-uns; mais une maladie épidémique s'étant manifestée à Vienne, madame de Précourt en fut atteinte une des premières, et descendit dans la tombe avec l'affreux regret de laisser sa fille âgée de dix-sept ans, sans fortune et complétement isolée.

» La triste Clémence, après avoir donné un libre essort à sa douleur, sentit qu'elle devait s'occuper des moyens de subvenir aux besoins de sa triste existence. Elle se restreignit à une seule chambre, dont tout le mérite était d'avoir un jour favorable à la peinture. Elle essaya de faire des gouaches; mais dans ce genre l'Allemagne est si féconde en bons artistes, que les dessins de la pauvre Clémence n'obtinrent qu'un très faible débit, insuffisant pour la faire vivre.

» Elle entreprit la broderie avec plus de succès; le goût qu'elle avait pour le dessin lui fit inventer des modèles si agréables, qu'elle eut bientôt de l'ouvrage commandé par tous les magasins qui étaient jaloux d'avoir de jolis modèles.

Dans le nombre des chefs-d'œuvre qu'on lui fit entreprendre, il y eut une robe pour une dame de la cour, qui exigeait autant de talent dans l'exécution de la broderie que d'élégance dans la composition du dessin.

» Clémence fut assez heureuse pour mériter le suffrage de la princesse de Sténion, pour qui avait été commandée la robe, et cette princesse eut la fantaisie de vouloir visiter l'ouvrière qui avait exécuté un ouvrage si parfait.

» Clémence fut donc bien surprise de voir un superbe équipage s'arrêter devant son humble demeure. L'infortune ne lui avait pas fait perdre le ton de la bonne compagnie, auquel on reconnaît facilement les personnes qui l'ont fréquentée : aussi reçut-elle la princesse avec une politesse noble et aisée, et eut pour elle les égards dus à son rang. Madame de Sténion en fut enchantée. Lui ayant fait plusieurs questions relatives à sa famille, elle parut avoir un vif désir de lui être utile, et l'engagea même à venir la voir librement dans son palais. Mais, sans avoir acquis beaucoup d'expérience, Clémence en avait cependant assez pour ne pas ajouter beaucoup de foi aux promesses des grands. Elle fit plus de fonds sur les ressources de son travail, que sur les démonstrations d'intérêt de la princesse. Elle continua ses ouvrages avec la plus grande activité. Quelquefois d'affligeantes réflexions venaient l'assaillir; car il ne fallait qu'un accident, qu'une maladie pour lui ôter la faculté de s'occuper, et la réduire à l'état le plus malheureux. Il semblait qu'en prévoyant de si fâcheuses possibilités elle lisait dans l'avenir; car un jour où elle venait de rapporter de la broderie, des chevaux fringants attelés à une voiture élégante, s'emportèrent à l'instant où elle passait près d'eux, la renversèrent, et la voiture lui passa sur le corps. On rapporta l'infortunée Clémence chez elle, ayant un bras cassé, et le corps couvert de contusions. Privée pendant quelques heures de l'usage de ses sens, elle ne fut rappelée à la vie que pour sentir plus douloureusement tout ce que sa position avait d'affreux. L'opération fut pénible et coûteuse; elle avait en outre plusieurs luxations, qui la retinrent au lit pendant longtemps. Les frais du chirurgien, de la garde malade et des médicaments absorbèrent bientôt le fruit de son travail et de ses économies; la conjoncture était d'autant plus désolante que son amour-propre se révoltait à la seule idée de recourir à ces asiles que la piété bienfaisante a élevés en faveur des infortunés. Cependant, lorsque toutes ses ressources furent épuisées, il fallut bien que l'orgueil pliât devant la nécessité. Se ressouvenant des offres de madame de Sténion, elle pensa que le moment était venu de juger si sa bonne volonté était réelle, et elle lui fit écrire dans quelle position elle se trouvait. La princesse avait un bon cœur, elle fut vivement touchée de l'accident arrivé à sa protégée, quoiqu'elle l'eût complétement oubliée, et ne s'en fût ressouvenue que les jours où elle mettait sa robe de gala; mais l'infortune avait au moins autant de droits sur son âme que les talents, et elle n'hésita pas à se faire conduire chez l'intéressante malade. Elle envoya son chirurgien pour la panser; une garde active et intelligente fut placée et payée par ses soins; aucun secours ne fut épargné, et le rétablissement de la blessure en fut plus prompt.

» Les différentes visites que la princesse avait faites à Clémence, la convainquirent qu'à l'adresse et au talent cette jeune personne joignait un mérite réel. Elle l'engagea à se fixer près d'elle. et lui fit un sort si heureux que, plus d'une fois, Clémence fut tentée de bénir l'accident qui lui avait procuré tant d'avantages ; et elle se félicita d'avoir cultivé des talents qui étaient devenus les premiers chaînons de son bonheur.

— Pauvre Clémence! dit Gabrielle, combien il dut lui en coûter de recourir à cette princesse! car c'est toujours bien humiliant d'avouer qu'on est dans l'indigence. — Cette humiliation n'exista pas, lorsque l'on ne doit ses malheurs qu'à des événements imprévus, et non à la mauvaise conduite. — Ah! c'est toujours bien dur de demander la charité! — Remarque, ma bonne amie, que Clémence avait, pour diminuer l'amertume de cette démarche, le témoignage de sa conscience ; elle avait fait tout ce qui était en son pouvoir pour n'être à charge à personne, elle avait le droit de compter sur l'humanité, qu'elle ne sollicitait que par l'impossibilité où elle se trouvait d'exister sans le secours des autres : l'orgueil, en pareil cas, doit moins souffrir. — Cette histoire me donne l'envie de bien dessiner, et vous me ferez bien plaisir, chère maman, de vouloir me donner des leçons dans un art qui peut devenir si avantageux. — Maman, demanda Clément, qu'est-ce que c'est les arts libéraux ? — On donne ce nom à la poésie, la peinture, l'architecture et la musique. — Mais je ne comprends pas la raison qui les a fait nommer ainsi.

— C'est sans doute parce qu'il faut du génie pour les porter à une grande perfection, qu'ils demandent une grande indépendance d'imagination, et qu'ils méritent une place plus distinguée parmi les arts, que ceux qui ne demandent qu'une attention purement mécanique pour être exercés; aussi on fait une grande distinction entre les arts et les métiers : les premiers valent à ceux qui les cultivent le nom d'artistes; les autres ne donnent à leurs disciples que le nom d'artisans; et quoiqu'ils soient d'une grande utilité pour satisfaire aux différents besoins de la vie, ils sont moins honorés que les premiers. » Les enfants rêvèrent longtemps au plaisir que doivent éprouver les artistes. Tout en se livrant au repos, Gabrielle composait le sujet d'un joli dessin; Achille jetait sur le papier le sujet d'un poème épique, et Séraphine multipliait sur son piano les gammes qu'elle négligeait depuis longtemps, malgré les recommandations de sa maman; mais le désir de composer elle-même, ne fut-ce que l'air d'une romance dont Edouard faisait les paroles, stimulait singulièrement son activité. Clément se proposait aussi de ne pas rester en arrière, et de cultiver non-seulement les talents utiles, mais encore ceux qui pourraient le rendre plus agréable dans la société.

SIXIÈME LEÇON

DE L'AMITIÉ

Le temps avait été constamment mauvais pendant huit jours, ce qui avait privé le pauvre Clément du plaisir de respirer l'air balsamique du soir ; il n'en avait pas moins joui du privilége que la maman lui avait accordé, et chaque soirée était consacrée à un entretien où la petite famille pouvait gagner autant du côté du cœur que de celui de l'esprit; car madame Melleville, dans l'espérance de faire goûter plus facilement sa morale à ses enfants, la leur présentait, autant que cela lui était possible, sous des traits aimables. Il est très-vrai qu'il faut un grand effort de raison pour suivre des principes qui sont présentés avec toute la sécheresse et l'austérité d'une sévérité repoussante : la vertu, pour plaire aux humains, n'a besoin que d'être parée de son aimable simplicité; le charme qui résulte de l'avoir suivie doit suffire pour lui faire des prosélytes, mais, si au lieu de la peindre avec tous ces attraits, on l'entoure d'épines et on la montre hérissée d'obstacles, la faiblesse naturelle aux mortels ne les engagera pas souvent à vaincre les difficultés pour arriver jusqu'à elle, afin de soulever le voile qui la dérobe à leurs regards.

Le sort était tombé à Séraphine, qui, toute fière de son

6.

avantage, réfléchit longtemps avant de prier sa maman de vouloir bien répondre à ses idées. Clément, qui n'aimait pas le temps perdu, et qui s'impatientait de la lenteur de sa sœur, la pressa de hâter sa décision, et Séraphine rappela à madame de Melleville qu'elle avait reçu dans la journée la visite d'une dame de Genève qui avait parlé avec tant d'enthousiasme du sentiment de l'amitié, qu'elle désirerait bien savoir comment on peut connaître que l'amitié est véritable, et les avantages qu'on peut en retirer.

En traitant ce sujet, madame de Melleville se trouvait sur son terrain, car elle avait apprécié toute sa vie le sentiment qui lui avait procuré le plus de consolations réelles : aussi fut-elle tentée d'embrasser sa fille, pour la récompenser d'avoir fait choix d'un sujet si analogue à sa pensée et à ses goûts, et comme pour le bien traiter elle n'avait besoin de consulter son cœur, elle fixa bien aisément toute l'attention de son petit auditoire.

» L'amitié, dit-elle, est le sentiment le plus noble que l'âme puisse concevoir et sentir. Il rend capable des sentiments les plus héroïques, il épure les goûts, les affections; écarte surtout l'égoïsme dont il est l'antidote. L'antiquité offre souvent à notre admiration des actions multipliées, qui prouvent combien un cœur susceptible d'éprouver ce sentiment est capable de grandes choses. On a eu quelquefois l'injustice de soutenir que les femmes avaient trop de légèreté pour savoir jouir des délices de l'amitié. Mais notre sexe a souvent prouvé par le fait combien cette accusation est peu valable; et le dénouement généreux de l'infortunée princesse de Lamballe, qui quitta le séjour paisible et sûr de l'Angleterre pour venir partager les dangers de la reine Marie-Antoinette, qui la regardait moins en souveraine qu'en amie; le dévouement, dis-je, qu'elle paya de son sang, répandu par des barbares avec les circonstances les plus atroces, répondra d'une manière victorieuse à la postérité, sur la question établie avec une partialité si injuste, que les femmes ne sont pas susceptibles d'amitié. Plus le cœur a de délicatesse, plus il doit être disposé à se livrer aux charmes de l'amitié ; et puisque les juges sévères, qui osent nous refuser les qualités nécessaires pour être bonnes amies, nous accordent cependant la sensibilité et la délicatesse, ils se trouvent en contradiction avec eux-mêmes. Il faut avoir un cœur pur pour sentir toutes les délices de l'amitié ; aussi est-ce dans l'âge heureux où la sensibilité commence à se développer, que l'on éprouve ce désir si vif de communiquer ses pensées, de faire partager ses peines, ses plaisirs : c'est l'étincelle du feu sacré qui va bientôt embraser le cœur naïf qui sent le besoin de ne plus être isolé. Mais pour ne pas se méprendre aux traits véritables de l'amitié, que d'autres sentiments frivoles cherchent à emprunter, il est nécessaire de la dépeindre. Elle doit être franche, désintéressée et courageuse ; il faut savoir, si l'occasion l'exige, prendre la défense de ses amis envers et contre tous ; s'ils sont accusés injustement, il faut savoir s'oublier pour ce second soi-même, et trouver son bonheur à ce que des âmes froides appelleraient des sacrifices ; il faut encore avoir le courage de braver les murmures de l'amour-propre, savoir avertir ses amis des défauts qui peuvent leur être nuisibles, porter la sonde de la franchise dans les replis du cœur de ceux qu'on aime, afin de les aider à se corriger ; par une juste réciprocité, recevoir avec plaisir et reconnaissance les avis dictés par des motifs aussi louables.

» Il n'est pas facile de choisir un ami ; mais une fois que ce choix est sanctionné par la raison, il doit survivre à tous les événements : l'infortune doit resserrer les liens de l'amitié. C'est un si grand bonheur que de contribuer à celui des personnes que l'on aime, d'adoucir leurs chagrins, de faire disparaître leurs privations.

» Autant il est doux et précieux de pouvoir rencontrer de véritables amis, autant il est dangereux de se tromper dans son choix ; et pour l'éviter, on ne saurait y apporter un examen trop scrupuleux. On doit se défaire surtout de ceux qui louent

jusqu'à nos défauts, car la flatterie n'accompagne jamais l'a-
mitié; un motif secret et presque toujours intéressé dicte ces
fades adulations qui peuvent séduire l'amour-propre, mais
qui n'aveuglent jamais le jugement. Enfin, pour fixer un
choix aussi intéressé, il faut toujours consulter la raison,
voir si dans l'objet qu'elle désigne on trouve des goûts vertueux, des qualités attachantes, un esprit juste et des conseils
solides : alors on peut à juste titre se livrer avec confiance, et
se féliciter d'avoir rencontré un rare et vrai trésor. L'histoire
de deux jeunes personnes que j'ai connues vous convaincra,
mes enfants, encore mieux que ce que je viens de vous dire,
des avantages réels d'une solide amitié.

» Dans le temps où les couvents étaient les asiles où l'on
plaçait le plus grand nombre de jeunes personnes pour y faire
leur éducation, deux pensionnaires se lièrent d'une étroite
amitié. L'une s'appelait Amélie : elle était fille d'un président
au parlement de Metz, distingué dans la magistrature, et
possesseur d'une grande fortune ; l'autre, appelée Éléonore,
était fille d'un négociant de Lorient, immensément riche, et
ayant de grandes possessions en Amérique. Amélie était assez
bien de figure, d'un caractère sérieux et réfléchi, elle appre-
nait avec peine, mais elle y apportait tant d'application que
ce qu'elle savait elle le possédait bien,

» Éléonore, d'une figure mutine, mais piquante, était vive,
étourdie, ayant tous les défauts d'un enfant gâté, et réparait
par les avantages d'un excellent cœur les défauts d'une première éducation qui n'avait pas été assez soignée ; ses espiè-
gleries la rendaient l'idole de toutes les pensionnaires, et la
terreur des religieuses qu'elle faisait passablement enrager.
Toutes les pénitences qu'on lui imposait étaient sans fruit, car
elle riait comme une folle, si on la condamnait à aller à l'of-
fice en bonnet de nuit, ou si elle était obligée de balayer le
réfectoire, elle mettait les meubles tellement sens dessus-des-
sous, que la sœur de peine était obligée de passer au moins

une demi-heure à remettre chaque chose à sa place, lorsqu'elle apportait le dîner des pensionnaires.

» Plus d'une fois Amélie avait entrepris de raisonner le petit démon, et cherchait à lui éviter des punitions, en lui donnant des avis sages ; le charmant petit lutin promettait beaucoup de sagesse, mais ne tenait jamais ses promesses. Enfin, un jour, très-échauffée d'avoir couru pour aider de grandes pensionnaires à dévaster la vigne du jardin, mademoiselle Eléonore rentra avec un grand mal de tête, la fièvre, et deux jours après la petite vérole se déclara. Vous ne connaissez pas, mes enfants, tout ce que cette affreuse maladie a de danger, parce que depuis l'époque dont je vous parle on a découvert la vaccine qui a mis un terme à ses ravages ; mais avant cette précieuse découverte, la petite vérole moissonnait un grand nombre de victimes, ou laissait ceux qu'elle attaquait dans un état pire que la mort ; car non seulement elle enlaidissait quelquefois de la manière la plus hideuse des visages qui étaient charmants auparavant, mais souvent elle privait de la vue, ou laissait des dépôts si dangereux, qu'ils détruisaient la santé pendant toute la durée de l'existence.

» Cette maladie éloigna bien vite d'Eléonore toutes les petites compagnes qui s'amusaient beaucoup de ses saillies, mais qui ne lui étaient pas assez dévouées pour braver en sa faveur les dangers de la contagion. La seule Amélie lui resta. Reléguée dans une infirmerie particulière, afin d'éviter à ses compagnes d'être atteintes par une maladie contagieuse, Eléonore était servie par deux sœurs de peine, qui se dédommageaient en la contrariant souvent de toutes les niches qu'elle leur avait faites.

» La bonne Amélie, qui avait eu la petite vérole, demanda la permission de consacrer ses soins à sa jeune amie. Mille petites attentions que le cœur seul peut dicter furent prodiguées à la pauvre malade, et adoucirent les douleurs aiguës qu'elle éprouvait. Comme la petite vérole était extrêmement maligne, le médecin annonça avec inquiétude qu'il craignait

beaucoup pour la vue de la malade ; mais la générosité d'A-
mélie lui conserva ce sens intéressant. Par un dévouement qui
sut braver tous les dégoûts, et qui ne pouvait être inspiré que
par une amitié sincère, Amélie employa le seul moyen qui
pouvait conserver la vue à sa jeune amie, et son dévouement obtint le succès qu'elle s'en était promis ; mais Eléonore
resta tellement gravée par la petite vérole, qu'elle devint un
objet ridicule qui excitait le sourire et la malignité. Eléonore
avait quatorze ans : à cet âge on commence à connaître le
désagrément d'être laide ; les espiégleries qu'elle faisait avant
sa maladie ne furent point tolérées, parce qu'elles avaient
perdu la grâce qui les accompagnait toujours. Les compagnes
d'Eléonore trouvaient mille occasions de rire à ses dépens, et
elle aurait été très-malheureuse sans la bonté et le bon esprit
d'Amélie, qui profita de cette circonstance pour lui faire sentir
que ses succès précédents n'avaient été dus qu'à une cause
bien frivole, puisqu'une maladie avait suffi pour les détruire,
et qu'il était de son véritable intérêt de travailler à en obtenir
de nouveaux, en acquérant des qualités réelles et des talents
aimables.

» La pauvre Eléonore, bien désolée de ne plus faire rire
qu'à ses dépens, eut assez de bon sens pour suivre les avis
de son amie. A force de soin, elle parvint à vaincre ses défauts,
et six mois d'attention sur elle-même la changèrent d'une
manière si avantageuse, que sa conduite força celles qui
avaient pris l'habitude de la tourner en ridicule, de s'intéresser véritablement à elle.

» Amélie, toute glorieuse d'avoir si bien réussi à ce qu'elle
avait entrepris, s'attacha encore plus à celle qu'elle regardait
comme son ouvrage.

» Ces jeunes personnes étaient tellement unies, qu'on ne
les appelait que les inséparables. Lorsque leur éducation fut
terminée, l'époque douloureuse de leur séparation arriva,
car leurs parents désirant les établir, les firent revenir cha-

cune dans leurs villes natales, où elles ne tardèrent pas à se marier presque à la même époque.

» Séparées par l'éloignement, elles furent toujours rapprochées par le cœur, et une correspondance active les instruisait mutuellement de tout ce qui leur arrivait d'intéressant.

» Pendant quinze ans elles jouirent du bonheur d'être chéries de leurs époux. Amélie n'avait point d'enfants, et c'était son seul sujet de peine. Eléonore, plus heureuse, avait eu, après sept ans de mariage, une fille charmante qu'elle avait nommée comme son amie; mais le bonheur peut-il être constant sur la terre ? Eléonore fut la première à ressentir les cruelles atteintes de l'adversité, et dans la même année elle perdit son mari et toute sa fortune: les événements qui se passèrent en Amérique privèrent son père de ses immenses possessions, et il ne resta à Eléonore que sa fille et son amie.

» Amélie ayant appris ces revers, l'engagea à venir se fixer auprès d'elle; et son amitié sut mettre tant de ménagements et de délicatesse dans ses offres, qu'Eléonore ne trouva aucune humiliation à les accepter. Mais le chapitre des contradictions n'était pas épuisé pour les deux amies, et de nouveaux revers les attendaient.

» Le mari d'Amélie avait monté sa maison sur un ton si fastueux, que ses revenus ne pouvaient y suffire, et chaque année il aliénait une portion de son capital. Amélie, étrangère aux affaires d'intérêt, se contentait de mettre dans le gouvernement intérieur de sa maison tout l'ordre nécessaire pour y entretenir l'abondance; mais elle ignorait que les sommes considérables que son mari lui fournissait pour briller n'étaient pas dues seulement à ses revenus, mais qu'elles étaient prises sur son fonds. Après dix-huit ans de mariage, elle se trouva totalement ruinée, et son mari en conçut un tel désespoir qu'il mourut de chagrin. Les deux amies se trouvèrent ainsi réduites au même degré d'infortune. Ceux qui avaient trouvé le plus de plaisir chez Amélie opulente furent les premiers à délaisser Amélie indigente; ils n'eurent pas même honte de l'accuser d'imprudence et de dissipation. Il est cruel d'être blâmé de ceux pour qui l'on a multiplié les jouissances ; et traîner son infortune devant de pareils témoins, paraît plus humiliant que l'infortune même.

« Ces deux amies prirent le parti de réaliser leurs bijoux, seuls restes de leur opulence, et de quitter des lieux où chaque circonstance renouvelait pour elles le souvenir de leur infortune présente. Elles furent s'établir à Paris, et là, perdues dans la foule dont elles étaient ignorées, elles furent plus libres de choisir l'occupation qui leur parut convenable.

» Il fallait exister, et ces dames n'avaient, pour uniques ressources, que des talents et une somme extrêmement modique. Après bien des réflexions, elles se déterminèrent à établir un pensionnat. Tous les couvents avaient été supprimés, et cet événement promettait des chances favorables pour obtenir des pensionnaires. Cependant, avec peu de connaissances, il est si difficile de réussir à Paris ! Une année s'était presque écoulée avant que les nouvelles institutrices eussent plus de trois pensionnaires. Le loyer était cher, les maîtres dispendieux, et le revenu si médiocre qu'il était bien difficile de soutenir la dépense indispensable. Amélie, pour augmenter les fonds, se mit à broder ; Eléonore, qui peignait très bien, fit des portraits et peignit des éventails ; ce petit supplément soutint plus longtemps l'entreprise ; mais un travail trop opiniâtre, en épuisant les forces des deux amies, les menaça bientôt du plus grand des malheurs, celui de perdre la santé. Eléonore fut atteinte la première d'une pulmonie dangereuse: le chagrin en hâtait les progrès. Non-seulement sa situation était alarmante, mais l'idée de laisser sa fille sans fortune à la charge de son amie lui déchirait le cœur. Dans cette conjoncture difficile, Amélie réunit toute son énergie; ce n'est plus une femme timide qui rougit d'appeler les regards sur son infortune, c'est une amie dévouée qui s'immole pour soutenir l'existence de deux êtres qui lui sont chers. Dans le petit nombre de ses pensionnaires, il y en avait une qui tenait

par les liens de la parenté au ministre de la marine : Amélie
profita de cette circonstance pour solliciter une pension en
faveur d'une propriétaire qui avait perdu toute sa fortune
dans les colonies.

» Elle avait le courage de l'amitié ; par conséquent elle était
éloquente. Souvent elle appuyait ses sollicitations de toutes les
grâces de la petite Amélie, qu'elle conduisait avec elle. Quelquefois rebutée, mais jamais découragée, sa persévérance fut
enfin couronnée de succès, et elle obtint une pension pour
Eléonore.

» Les démarches qu'elle avait été obligée de faire multi-
plièrent ses connaissances, et cela produisit encore un bien,
celui de lui procurer un plus grand nombre de pensionnaires.
Plus de satisfaction et une plus grande aisance adoucirent la
maladie d'Eléonore. La noblesse des manières d'Amélie, son
instruction, son mérite qui n'avait besoin que d'être en évidence pour fixer l'attention, lui avait procuré la bienveillance
d'un grand nombre de personnes, souvent lentes à se décider
dans leur opinion, soit par une défiance que l'évènement
justifie quelquefois. Mais, lorsque ce sentiment de protection
fut une fois mis en mouvement, on pensa qu'il fallait prouver son crédit en faisant réussir la protégée !

Au bout de quelques mois, ces dames dont les talents étaient
restés ignorés si longtemps, furent obligées de louer une
maison très-vaste, le local qu'elles occupaient ne pouvant plus
suffire au nombre de pensionnaires qu'on leur proposait. Leur
établissement prit une face extrêmement brillante. La santé
d'Eléonore se rétablit tout à fait, et les deux amies trouvèrent
encore le bonheur, qui, pour cette fois, fut d'autant plus
durable qu'elles ne le durent qu'à l'énergie de l'amitié, et à
une conduite courageuse et à l'estime des honnêtes gens.

» La petite Amélie, dont l'éducation ne pouvait être qu'excellente, puisqu'elle la devait à d'aussi bons modèles, épousa,
à dix-sept ans, un jeune homme riche, qui recherchait pour
compagne une jeune personne aimable et bien élevée. Elle fut.

comme ses institutrices, nonne épouse et bonne mère, et jouit actuellement des douceurs de la plus heureuse union. »

« Maman dit Achille, votre histoire m'a fait grand plaisir ; mais j'avoue que j'en aurais eu encore davantage si cet exemple touchant d'amitié avait eu lieu parmi des hommes.

— Il ne serait pas difficile, mon ami, de satisfaire ton désir : car il est généralement reconnu que l'amitié est plus solide, parmi les hommes que parmi les femmes ; et en te faisant cet aveu, j'espère mériter le brevet d'impartialité. Mais si je vous ai rapporté cette anecdote de préférence à d'autres, c'était seulement pour vous donner la preuve que les femmes sont susceptibles d'amitié.

— O Dieu ! s'écria Gabrielle, je sens que si j'avais une amie, je serais la plus heureuse personne du monde, et que je l'aimerais de toutes les puissances de mon âme. — Ne suis-je donc pas la tienne, ma chère Gabrielle ! — Oui, sans doute, maman, et je vous chéris au-delà de toute expression ; mais je vous respecte aussi, et..... — Tu me crains, n'est-ce pas cela que tu veux dire ? — Je ne saurais bien vous expliquer, maman, ce que je pense à cet egard, car vous êtes si bonne qu'il y aurait bien de l'injustice à vous craindre, et cependant... — Je vois, chère enfant, que c'est la différence de nos âges qui t'effraie. — Précisément, car il y a toutes sortes d'enfantillages qui me passent par la tête et que je n'ose pas vous dire, parce que je sais bien qu'ils ne peuvent pas vous intéresser. — Tu te trompes, ma bonne amie ; car si ta pensée pouvait pénétrer dans toutes celles de l'amour maternel, tu verrais qu'il n'est indifférent à rien de ce qui t'intéresse, fût-ce la chose qui te parait la plus puérile et la plus minutieuse. — Ce que vous me dites, ma bien-aimée maman, est bien encourageant... — Faut-il des assurances positives pour t'engager à m'accorder ta confiance — Je m'en rapporte bien à votre cœur, chère maman. — Pour te décider, ma bonne amie, à ne faire aucune restriction à l'engagement que je voudrais bien te voir prendre de n'avoir jamais rien de caché pour moi, je te raconterai demain ce qui est arrivé à une jeune personne qui avait malheureusement pris pour son amie et pour sa confidente une personne qui, sans être vicieuse, l'entraîna cependant dans tous les écarts les plus déplorables. Lorsqu'on est à ton âge, il manque toujours une qualité à toutes celles qu'on peut avoir; c'est l'expérience. Malheureusement elle n'appartient qu'à l'âge mûr, et souvent on ne l'acquiert qu'à ses dépens. N'est-ce donc pas une grande folie de refuser la lumière de son flambeau, lorsqu'une mère tendre en offre la clarté? Avec les meilleures intentions du monde, lorsqu'on est jeune, on ne saurait prévoir les inconvénients ou y remédier; je réclame donc de vous tous, mes enfants, le droit qui est le plus cher à ma tendresse, celui de vous guider dans le sentier du bonheur et de la vertu, et de vous faire éviter ce qui pourrait vous égarer; mais, je vous le répète, je ne pourrai jouir de cet avantage qu'en possédant votre plus entière confiance.

— Pour moi, dit Clément en jetant ses deux bras autour du cou de madame Melleville, je me croirais indigne de voir le jour, si je n'adorais pas une maman si bonne. — On n'adore que Dieu, mon ami; et prends bien garde de contracter une exagération aussi ridicule dans les paroles, qu'elle est quelquefois dangereuse dans les idées. Rappelle-toi que la vérité a un langage simple et naturel, qui persuade toujours et que c'est à ces traits qu'on la reconnaît. — Cependant, maman, il est bien vrai que je vous aime de tout mon cœur! — Tu as toujours à ta disposition une excellente manière de me le prouver. — Quelle est-elle, chère maman? C'est de ne rien faire de ce qui peut me causer de la peine.

— Je vous assure, maman, que j'y pense bien souvent; mais je suis parfois si étourdi que j'oublie vos recommandations, et j'ai fait une sottise avant de m'être douté que j'allais en faire une. — Heureusement que tu es encore assez jeune pour que je puisse concevoir l'espoir que tu te corrigeras de ton étourderie.

SEPTIEME LEÇON

DU CHOIX QUE L'ON DOIT APPORTER DANS SES LIAISONS

Madame de Melleville n'eut pas besoin d'être rappelée à la promesse qu'elle avait faite la veille pour s'en souvenir. Elle avait un trop grand intérêt à convaincre ses enfants de l'importance des vérités morales qu'elle s'efforçait de mettre à leur portée, pour ne pas leur prouver par un exemple, le danger de contracter trop légèrement des liaisons auxquelles on donne dans la jeunesse toute la force d'une véritable amitié. S'étant mise au milieu du cercle attentif, toujours disposé à l'écouter avec un grand intérêt, madame de Melleville commença ainsi : « L'expérience prouve journellement, mes enfants, combien il est essentiel d'apporter une scrupuleuse attention dans le choix des liaisons que l'on contracte; c'est surtout dans la jeunesse où elles peuvent avoir le plus de dangers; car n'ayant pas le discernement nécessaire pour distinguer les vices qui se cachent sous le masque de l'hypocrisie, on devient facilement dupe de ses mauvaises intentions ou de ses dangereux conseils ; car la franchise et la candeur d'un tel âge le livrent sans défense à la séduction ou à l'artifice.

» Non seulement on doit choisir ses am's, mais encore ses liaisons, qui n'ont pas une moindre influence et d'où dépendent souvent la réputation d'une jeune femme. Trop de légèreté, des principes hasardés, de l'inconséquence, sont les écueils qui mènent presque toujours à une perte totale. Il est des devoirs de b'enséance que la société exige et que les convenances font remplir ; mais ces devoirs sont circonscrits, et leurs limites empêchent qu'ils ne puissent être dangereux. Il ne faut pas se rejeter sur ces devoirs pour motiver des liaisons qui exposent au danger de s'égarer dans le monde. On est malheureusement trop scrupuleux sur les vices des gens qui composent la société. Des titres, une grande fortune, sont les moyens toujours sûrs de captiver les égards ; mais ils ne doivent pas suffire pour obtenir l'estime ; et l'on ne doit choisir pour amis que les personnes à qui l'on puisse accorder la sienne. Il est d'une conséquence extrême de ne pas voir avec indifférence les vices que l'on tolère dans le monde par une funeste indulgence ; car cette indifférence conduit bientôt à les partager ; et pour juger avec prudence les personnes avec qui l'on peut se permettre de former des liaisons, il faut réfléchir sur leur conduite, approfondir leurs principes ; si quelque chose peu délicat y est remarqué, on doit s'en tenir aux simp'es égards de la politesse, et ne les voir qu'autant qu'on y est forcé par les convenances. Le vice est comme la contagion, il se propage sans qu'on s'en aperçoive : ainsi il faut éviter sa communication, puisqu'elle peut être aussi dangereuse ; et vous verrez, mes enfants, par ce que je vais vous raconter que le plus sûr préservatif que la jeunesse puisse employer pour ne pas former des liaisons imprudentes, c'est d'avoir assez de confiance aux personnes dont l'attachement et la prudence veulent bien veiller à leur éducation, et de consulter leur expérience plutôt que de s'en rapporter à la sienne.

« Madame d'Ormilly était retirée à la campagne avec ses trois filles, Agathe, Aurélie et Victoire. Bonne mère et sage

institutrice, tous les moments de sa vie étaient consacrés à
développer quelque vertu dans le cœur de ses filles, ou à
enrichir leur esprit par quelque connaissance utile, ou quel
que talent agréable. Elle aimait si tendrement et si exclusi
vement ses enfants, qu'elle croyait, par un juste retour,
posséder toute leur confiance ; et jusqu'à ce qu'Agathe eût
atteint quatorze ans, madame d'Ormilly n'avait pas été trompée dans cette espérance.

» Malheureusement à cette époque, il vint s'établir dans la
campagne que cette dame habitait, la baronne de Macors, qui
quittait Paris pour économiser sur son revenu les sommes
qu'une dépense au-delà de sa fortune lui avait fait emprunter,
et qu'elle ne pouvait rendre sans s'imposer une réforme rigoureuse.

» Madame de Macors avait une fille unique, âgée de quinze
ans. Elle se nommait Félicie ; tout, dans cette jeune personne
décelait l'éducation qu'elle avait reçue à Paris. Elle n'entrait
dans un salon qu'avec une grâce parfaite ; si elle parcourait
les touches d'un piano, c'était avec une légèreté admirable,
et ce n'était jamais que la romance la plus à la mode qu'elle
fredonnait lorsqu'une distraction musicale s'emparait assez
fortement de son imagination pour l'empêcher de s'apercevoir
qu'elle interrompait une conversation sérieuse. Cet aplomb
imperturbable avait fait penser à Agathe que Félicie était
bienheureuse de pouvoir répondre sur tout, sans jamais
paraître embarrassée, et de réunir autant de talents : car
Félicie avait annoncé avec emphase que son pinceau ne laisserait pas échapper l'occasion de reproduire les délicieux paysages qui les entouraient, et qu'elle avait même remarqué un
point de vue si romantique, qu'il lui avait déjà inspiré plus
de la moitié d'une élégie.

» Agathe, dont l'éducation très-simple l'avait habituée à ne
jamais tirer vanité du peu qu'elle savait, s'extasiait devant
des talents si transcendants. « Qu'elle est heureuse, disait-
elle en soupirant, d'être à la fois peintre, musicienne et

poëte ! Que je me treuverais heureuse si je savais seulement la moitié de ce que sait Félicie ! »

» Madame de Macors, qui avait l'habitude de jouir chaque jour d'une société nombreuse et brillante, se serait crue complètement isolée, si elle avait passé les journées seule avec sa fille. Elle s'informa promptement quelles étaient les personnes qui étaient bonnes à voir. Madame d'Ormilly fut mise au premier rang de celles qu'on lui indiqua. Le rang distingué qu'elle avait tenu dans la société, ses vertus et trois jeunes personnes qui pouvaient être d'une grande ressource pour distraire Félicie, furent des motifs puissants pour déterminer madame de Macors à faire les frais et les avances que la politesse et le désir de se lier pouvaient inspirer. Madame d'Ormilly y répondit avec bienveillance, et la liberté qui règne à la campagne, l'usage du monde, qui, chez madame de Macors, remplaçait la franchise que possédait éminemment madame d'Ormilly; cimentèrent promptement une liaison qui ne promettait que de l'agrément aux personnes qui la contractaient.

» Agathe, dont l'âge se rapprochait de celui de Félicie, fut enchantée de sa nouvelle connaissance ; car Félicie, qui ignorait le grand art de se passer des autres, sous le prétexte flatteur qu'elle se sentait un entraînement irrésistible pour Agathe, l'obsédait du matin au soir, et lui faisait passer à babiller le temps qu'elle employait ordinairement à ses études. Mais le moyen de se refuser aux empressements d'une amie. si véhémente, et qui disait à chaque instant à Agathe : « Ma chère amie, je t'aime au-delà de toute expression; ma confiance en toi est sans bornes, et je n'ai pas une pensée, pas un sentiment qui ne t'appartiennent.

Il est vrai que la naïve Agathe ne se doutait guère combien cette amie sincère s'égayait quelquefois à ses dépens, tournait en ridicule la manière gothique dont elle posait son chapeau, ainsi que l'épaisseur de son fichu, qui la faisait ressembler, disait Félicie, à une douairière du temps de Louis XIII.

» Madame d'Ormilly, heureuse de procurer des distractions nouvelles à ses enfants, était charmée d'une liaison qui s'était présentée sous les rapports les plus flatteurs ; quoiqu'elle eût désiré plus de solidité en madame de Macors et plus de simplicité à Félicie, elle les voyait cependant toutes deux sous un aspect avantageux et rejetait sur la frivolité du grand monde et le ton de la capitale, ce qui lui paraissait des travers légers. Un autre avantage la déterminait encore à cultiver cette liaison. A la campagne, on a peu de ressource pour donner des talents d'agrément à ses enfants, lorsqu'on n'en a point soi-même ; et la complaisante Félicie avait déclaré plusieurs fois qu'elle se trouverait parfaitement heureuse de montrer à sa bien aimée Agathe tout ce qu'elle savait elle-même.

» Le dessein avait toujours été l'objet des vœux d'Agathe, et c'était une bien bonne occasion qui se présentait pour satisfaire ce désir. Il ne fallait donc pas la manquer. Les crayons, les pinceaux furent d'abord apportés chez madame d'Ormilly, mais les deux autres petites filles venaient souvent déranger la leçon de dessin, et ce fut un prétexte pour transporter l'atelier chez madame Macors. Félicie avait un joli cabinet d'étude, et il était assez convenable que l'écolière se rendît aux objections de la maîtresse et suivît sa volonté.

Il résulta de ce nouvel arrangement un inconvénient que madame d'Ormilly, toute prudente qu'elle était, n'avait pas prévu : c'est que sa fille, qui jusqu'à ce moment avait été constamment sous ses yeux, dont toutes les pensées lui étaient connues, toutes les réflexions lui étaient soumises, se trouvait quelquefois séparée d'elle pendant trois ou quatre heures de suite ; car l'ardeur d'apprendre promptement un talent pour lequel on se passionne facilement, prolongeait souvent les leçons bien au-delà du temps qu'on s'était prescrit d'abord.

» Félicie mettait à profit ces heures délicieuses, en racontant à sa nouvelle amie toutes les distractions que l'on rencontrait à Paris ; par ces peintures, animées de tout l'enthousiasme dont une tête de quinze ans est susceptible, elle faisait naître le dégoût des plaisirs simples et innocents que l'on goûte à la campagne, et excitait chez Agathe un vif désir de connaître les jouissances si vantées dans la capitale.

» Bientôt les leçons, au lieu d'être employées à esquisser des paysages ou des têtes, s'écoulèrent à parler des plaisirs de Paris. Félicie les peignait d'une manière si séduisante, que non-seulement ils occupaient les pensées d'Agathe pendant toute la journée, mais elle y rêvait une partie des nuits. Elle devint triste, rêveuse, et d'une humeur inégale ; et cet état étant très-éloigné de son caractère habituel, sa maman craignait qu'elle fût malade et lui en fit tendrement la question. Des réponses vagues ne rassurèrent que faiblement madame d'Ormilly, qui redoubla de soins et de sollicitudes. Mais l'amour du plaisir commençait à étouffer dans le cœur d'Agathe ces sentiments si tendres et si doux dont la parfaite confiance fait le plus grand charme. Déjà elle avait des pensées qu'elle ne communiquait plus à sa mère ; et avec la dissimulation, l'ingratitude s'introduisait dans son cœur. Sans cesse elle rêvait à ces plaisirs enchanteurs dont Félicie lui parlait avec tant de chaleur ; et rien ne lui plaisait plus à la campagne. Jusqu'alors elle avait été bonne, douce, complaisante pour ses sœurs ; maintenant elle est dure, impérieuse, exigeante ; et les pauvres petites, dont les caresses avaient toujours été bien accueillies par la bonne sœur, se voyaient repoussées froidement lorsqu'elles voulaient se livrer aux tendres effusions de leur cœur.

» Cette conduite surprenait madame d'Ormilly, qui était loin d'en deviner la véritable cause, et qui croyait qu'elle était due à une altération de santé, ce qui lui inspirait plus d'indulgence pour Agathe. Le fait est que Félicie avait plus d'une fois raillé son amie de se laisser embrasser et caresser par des morveuses ; elle lui avait répété que c'était prostituer l'amitié, que d'en accorder les faveurs à tout autre qu'à son amie ; et Agathe, croyant aveuglément son oracle, se modelait sur ces inspirations.

» Madame d'Ormilly avait à son service une vieille bonne, qui non-seulement avait vu naître tous ses enfants, mais qui l'avait vue naître elle-même. La bonne Gothon aurait donné la dernière goutte de son sang pour sa maîtresse et ses enfants, qui avaient été accoutumés à la considérer avec le respect dû à la vieillesse et à la reconnaissance que méritaient son attachement et ses fidèles services. Gothon avait quelques-unes des manies presque inséparables des anciens serviteurs : elle aimait à s'identifier à tout ce qui touchait à madame d'Ormilly ; souvent elle disait en nous parlant de sa maîtresse ou de ses filles. Et comment aurait-elle deviné que c'était une inconvenance, puisque madame d'Ormilly la tolérait, et que même cette liberté naïve la faisait sourire ?

» Mais Gothon avait aussi des infirmités : un asthme, entre autres, la tourmentait souvent. Jusqu'alors il n'avait inspiré à ses jeunes maîtresses que la pitié pour ses souffrances ; mais Félicie jugea à propos de persuader à Agathe qu'elle devait y voir un objet de dégoût.

» Dès qu'Agathe n'écouta plus son cœur, ses manières changèrent totalement, et le dédain qu'elle témoigna à Gothon l'affligea encore plus qu'il ne l'humilia. Elle hasarda quelques reproches respectueux, et même quelques larmes, auxquelles Agathe n'aurait pas manqué d'être sensible, si malheureusement Félicie ne lui avait pas répété quelques heures auparavant, en émettant ses principes sur les domestiques, qu'il fallait toujours traiter ces créatures-là avec bonté, mais savoir toujours s'en faire craindre, parce que trop d'indulgence les gâtait et les rendait insolents. Aussi Agathe se garda bien de compromettre sa dignité de quatorze ans, en répondant par quelque chose d'affectueux au chagrin de Gothon, qu'elle eût bien vite consolée par cette légère attention ; et, la regardant avec un superbe dédain, elle se contenta de hausser les épaules, et se retira en manifestant les signes du plus méprisant dédain.

» Dans les principes que madame d'Ormilly s'était efforcée d'inculquer à ses filles, elle n'avait pas manqué de placer au premier rang le devoir d'être toujours bonne ; mais Félicie avait ri aux éclats lorsqu'Agathe lui avait répété cette recommandation de sa mère : elle avait prétendu qu'être toujours bonne était le synonyme d'être toujours bête, et, piquée d'une telle supposition, Agathe se proposait bien de n'être ni l'une ni l'autre.

» Bientôt madame d'Ormilly elle-même ne fut pas à l'abri des sarcasmes de Félicie, qui lui trouvait un air sentencieux, qui ressemblait au pédantisme. Du moment où on laisse le ridicule atteindre les personnes que l'on aime, la tendresse et la confiance s'envolent avec la considération, et Agathe avait eu le tort bien grave de rire en voyant Félicie, qui avait le talent des singes pour contrefaire et saisir les ridicules, peindre avec une grande vérité les attitudes et la démarche de madame d'Ormilly, qu'une vue très-basse rendait fort incertaines.

» On n'est pas tenté d'aller confier à sa mère qu'on a ri d'elle ; et Agathe se garda bien de rien laisser échapper qui pût compromettre l'excessive étourderie de son amie. Elle aurait eu plus de confiance, si elle avait pu se douter qu'elle-même était impitoyablement ridiculisée par Félicie, qui ne l'appelait que son écho, parce qu'Agathe, bien convaincue de la supériorité de son amie, retenait avidement ce qu'elle lui entendait dire, et le répétait quelquefois.

Un jour où les deux jeunes personnes avaient eu la permission d'aller se promener ensemble, elles rencontrèrent dans leur excursion deux messieurs qui allaient à la chasse. Cédant à ses anciennes habitudes de timidité, Agathe s'éloignait d'un pas rapide ; mais Félicie, la retenant par sa robe, se mit à rire de ce qu'elle appelait sa sauvagerie, et croisant avec intention le sentier qu'avait pris les chasseurs, elle leur demanda avec beaucoup de politesse, mais en même temps avec une hardiesse tout à fait répréhensible dans une jeune personne, quel chemin l'on devait prendre pour aller à un château peu éloigné du lieu où elles se trouvaient, et où elles n'avaient pas du tout l'intention de se rendre.

« Ces messieurs, charmés de trouver l'occasion de lier conversation avec deux jeunes et jolies personnes, offrirent avec complaisance de les y conduire. Félicie y aurait volontiers consenti; mais Agathe, effrayée de l'inconséquence d'une pareille démarche, n'eut heureusement pas assez de confiance en son amie pour céder aux signes qu'elle lui faisait des yeux, et elle mit de la fermeté dans ses refus : ce qui contraria évidemment Félicie. Après une heure d'entretien, pendant laquelle mademoiselle de Macors fit un grand étalage d'esprit, de prétentions et de sensiblerie, ces messieurs les quittèrent et poursuivirent leur projet de chasse.

« En vérité, ma chère, je ne te conçois pas, dit Félicie à Agathe, lorsque les chasseurs furent éloignés, pourquoi avoir refusé de nous laisser accompagner jusqu'au château? Nous aurions trouvé un prétexte après pour ne pas y rentrer. — Je t'assure, chère Félicie, que maman aurait été très-mécontente, si elle avait appris une pareille chose. — Ta maman, ta maman! et qui est-ce qui aurait été lui dire, je te prie, notre heureuse rencontre? — Mais, si cela était mal? — Bah! on voit bien que tu es enterrée à la campagne depuis des siècles! et tu es d'une bégueulerie qui te fera beaucoup de tort, je te le jure. — Maman sait pourtant bien ce qui est convenable ou non, et je lui ai souvent ouï dire que jamais les jeunes personnes ne devaient adresser les premières la parole aux messieurs. — Pitoyable préjugé, ma chère! et la maman n'en est pas exempte, crois-le bien. — Pourtant, si tu savais, Félicie, avec quel respect, quelle considération on parle d'elle. — Sans doute; je la crois très-respectable. Et puis, c'est à la campagne qu'on lui donne tous ces éloges; mais si tu étais à Paris, ah! ma chère, qu'il

te serait facile de juger de la différence dans la manière de
voir ! — Eh bien, pour te convaincre que j'ai raison, je raconterai devant toi à maman ce qui nous est arrivé, et tu
verras... Garde-t-en bien, nigaude. Est-ce que les mères doivent savoir ces bagatelles? Je n'en parlerai pas même à la
mienne, qui est cependant bien différente de madame d'Ormilly, puisque nous avons toujours habité Paris, excepté depuis les six mois que je te connais. — Et pourquoi ne veux-
tu pas que ta maman ni la mienne le sachent? Tu penses
donc qu'il y a du mal? — Pauvre Agathe, que tu es encore
enfant! Est-ce que les mères doivent tout savoir, par hasard? Ne sais-tu donc pas qu'il n'y en a point qui ne soit un
petit brin jalouse ou envieuse de sa fille? — Par exemple,
ce n'est pas maman, car elle n'est jamais plus contente que
quand on nous donne des louanges. — Tu le crois; mais toutes les mères sont plus ou moins dissimulées, et, crois bien
qu'elles ne nous disent pas tout ce qu'elles pensent. — Quoi! tu
penses ainsi? — Sans doute; aussi, quoique j'adore maman,
je ne suis pas si bête que de lui tout dire. Ce n'est qu'à son
intime amie qu'on doit dire tous ses secrets; et, par exemple, ce serait une horreur que d'avoir quelque chose de caché pour moi, chère Félicie? — Non, sans doute. N'es-tu
pas ma bien-aimée par excellence? Tiens, rien que de te
parler de mon amitié, sens comme mon cœur bat. — C'est
vrai : oh! je te le rends bien, je t'assure, car je t'aime de
toute mon âme. — Tu le dois, Agathe, autrement tu serais
un monstre d'ingratitude. — Chère Félicie...

» Agathe, dupe de cette exagération de paroles, promit à
son amie de ne pas faire mention à sa maman de la rencontre qu'elles avaient faite; elle ne sentait pas que ce mystère
était une atteinte coupable portée à la confiance qu'elle avait
toujours eue pour une mère qui la comblait de bontés.

» Félicie, coquette et inconséquente, ne craignait pas d'entraîner dans la mauvaise route qu'elle avait résolu de suivre
une jeune personne candide, dont le seul tort était d'avoir en

elle une confiance aveugle. Elle avait cherché plusieurs fois
à rencontrer de nouveau les chasseurs qui avaient fait une
vive impression sur sa coquetterie. Ce vœu avait été satisfait,
et Agathe était le tiers obligeant qui diminuait le blâme que
Félicie se serait attiré si on l'eût vu seule avec deux jeunes
gens, mais aussi qui risquait de le partager. Enfin l'inconséquente Félicie se laissa persuader de partir pour Paris avec
le jeune homme qui avait su lui plaire, et qui, sous différents
prétextes, avait toujours éludé de se faire présenter chez madame de Macors, comme Félicie l'en avait pressé.

Il semble que les personnes vicieuses ne sont pas satisfai-
tes, tant qu'elles n'entraînent pas dans le même chemin les
êtres faibles et crédules qui ajoutent foi à leurs faux raisonnements; aussi Félicie, ayant confié son projet de fuite à
Agathe, après en avoir obtenu la promesse la plus solennelle
de lui garder un secret profond, pour s'assurer encore mieux
de sa discrétion, lui avait proposé de fuir avec elle, offrant à
sa crédulité et à son inexpérience la séduisante promesse de
lui faire goûter tous les plaisirs ravissants dont elle lui avait
fait si souvent le tableau. Ebranlée par cette promesse falla-
cieuse, Agathe aurait peut-être cédé aux insinuations de sa
perfide amie, si, en revenant chez sa maman, elle n'eût rencontré le convoi d'une jeune fille, morte de la veille. La douleur si vraie, si déchirante de la mère qui accompagnait la
pompe funèbre de son enfant; ses larmes, ses cris, le désespoir avec lequel elle vit disparaître le cercueil qui renfermait
les restes inanimés de ce qu'elle avait le plus aimé au
monde, émurent fortement Agathe et lui firent connaître le
remords. « O Dieu ! s'écria-t-elle d'une voix étouffée, je pourrais me résoudre à abandonner, à livrer au désespoir une
mère aussi bonne que celle dont les larmes m'ont si vivement attendri?... Non, non, je me croirais un monstre de
faire le malheur d'une maman dont toute la vie est consacrée
au bonheur de ses enfants; sans doute Félicie me trompe
elle-même. »

« Craignant de laisser évanouir le courage que lui donnait
cette pensée, Agathe se hâta de rentrer à la maison ; et cher-
chant sa maman avec empressement, elle se jeta à ses pieds
en les arrosant de ses larmes. Madame d'Ormilly, surprise
d'une émotion qui lui paraissait extraordinaire, et dont elle
ne devinait pas le motif, se hâta de relever sa fille et de la
presser sur son cœur, en provoquant sa confiance par toutes
les caresses que sa tendresse lui suggéra. Vaincue par tant
de bonté, Agathe fit à sa mère un aveu franc et complet de
ses torts, et lui montra le plus vif désir de les abjurer.

Madame d'Ormilly fut effrayée du danger qu'avait couru
sa fille, et lui sut un gré infini de la franchise avec laquelle
elle s'accusait elle-même. Si elle se trouvait heureuse de
voir que son Agathe échappait au piége de la séduction, elle
pensa qu'il était de son devoir de sauver aussi une jeune imprudente du précipice où elle allait se jeter si aveuglément ;
et laissant Agathe se régénérer pour ainsi dire en reprenant
avec ses sœurs le ton d'amitié qu'elle n'avait perdu que depuis sa liaison avec Félicie, elle courut chez madame de Macors, dans l'intention de prévenir la ruine de sa fille. Mais
Félicie avait vu Agathe s'arrêter et pleurer amèrement en
contemplant la douleur d'une mère désolée ; elle avait prévu
ce qui était arrivé ; et renonçant aussitôt à un projet qui lui
paraissait au moins incertain, elle s'était hâtée d'aller chercher celui qui avait combiné sa perte, et était partie avec lui
sur-le champ pour Paris.

» Madame de Macors, très-inquiète du récit de madame
d'Ormilly, quoiqu'elle ne pût y ajouter foi, fit chercher sa
fille, qu'elle croyait occupée à peindre, d'après nature, un
beau point de vue dont elle lui avait parlé. Malheureusement
tout ce que madame d'Ormilly avait avancé ne se vérifia
que trop, et la malheureuse mère se hâta de partir pour
Paris, avec l'intention d'épargner à la fugitive des regrets
éternels, et de la préserver du déshonneur. Mais ses recherches n'ayant pas eu assez promptement le succès qu'elle en

espérait, elle trouva Félicie coupable de tous les torts que son imprudence pouvait faire prévoir ; son séducteur l'avait déjà abandonnée, et la malheureuse Félicie, sentant bien qu'elle avait perdu pour jamais les droits qu'elle aurait dû avoir à l'estime de la société, n'osant pas même profiter du pardon que lui offrait l'indulgence maternelle, fut expirer et ensevelir dans un cloître les erreurs de sa jeunesse.

» Trop de légèreté et de confiance en elle-même avaient amené l'événement qui fit le malheur de sa vie. Heureuse encore de ce que la Providence avait daigné ménager, dans sa bonté, une circonstance qui avait contribué à rappeler Agathe à son devoir ; car, s'il est affreux de s'égarer soi-même, combien ne doit-il pas être encore plus pénible d'avoir contribué à égarer les autres ?

» Agathe, convaincue de la fausseté des principes par lesquels Félicie lui faisait oublier ses devoirs, sentit mieux que jamais tout ce que l'expérience d'une bonne mère a d'avantages pour préserver ses enfants des écarts de leur âge. Elle convint que nulle autre amie ne pouvait mieux mériter la confiance et la tendresse. Rendue à la simplicité de ses goûts, à la pureté de ses principes, à l'innocence de ses plaisirs, elle n'entendait jamais parler de Paris sans frémir, et elle fit le vœu bien sincère, qu'elle accomplit avec une scrupuleuse exactitude, de n'avoir pas une pensée, de ne pas former un désir qu'elle ne pût confier à sa maman, et de se défier de toutes les amies qui pourraient la blâmer de cette franchise. Gothon était émerveillée de voir sa chère Agathe redevenue aussi douce, aussi affectueuse qu'auparavant, et le bonheur dont jouissait cette petite famille redevint ce qu'il était, du moment où la dissimulation et la présomption en furent bannies.

» Méchante Félicie, s'écria Gabrielle en courroux, ce n'est pas moi qu'elle aurait séduite, à coup sûr.

— Tu le crois, ma chère amie, mais l'amour-propre est bien rusé ; elle aurait flatté le tien, et peut-être...

— Non, maman, je vous aime trop pour cela ; et si elle avait eu l'audace de vous tourner en ridicule, elle aurait vu ! — Enfin, crois bien, ma chère amie, que le plus sûr pour les enfants est d'avoir une grande confiance en leur guide.

» Maman, dit Séraphine avec un air très-sérieux, avant l'histoire que vous venez de nous raconter, je désirais, comme ma sœur, d'avoir une bonne amie ; mais à présent j'aurais si peur de me tromper dans mon choix, que je ne veux point en avoir d'autre que vous : aussi bien, où pourrais-je en trouver une meilleure ? »

Un doux baiser fut la récompense de ce que venait de dire Séraphine, et madame de Melleville, contente de l'impression qu'elle avait produite sur l'esprit de ses enfants, aima à se persuader qu'elle jouirait toujours de leur confiance, et qu'ils ne chercheraient pas dans les liaisons étrangères un sentiment qui doit contribuer au bonheur, mais qu'ils ne trouveraient jamais aussi vif, aussi dévoué, aussi généreux que celui qu'elle se plaisait à leur consacrer.

Achille, mécontent de ce qu'on parlait toujours des femmes et jamais des jeunes gens, se promit bien, s'il était maître le lendemain, de changer des récits qui lui déplaisaient, parce qu'ils ne mettaient pas assez à son gré les jeunes gens en évidence.

HUITIÈME LEÇON

DE L'ÉGOÏSME

Par le désir qu'Achille avait conçu pour l'entretien du soir, il avait été toute la journée d'une complaisance charmante, faisait des petits chariots à Séraphine, un arc et des flèches à Edouard, un petit canot à Clément, et un kaléidoscope à Gabrielle. Le but de tant d'attentions était d'obtenir la cession du privilège désiré, si le sort ne le lui faisait pas échoir. La fortune le favorisa mieux qu'il ne l'espérait, et la fameuse boule lui fut adjugée. « Maman, dit-il, j'entends bien souvent parler de l'égoïsme, et cependant je ne puis pas bien m'expliquer ce que c'est. Auriez-vous la bonté de me l'apprendre ? — C'est un défaut, mon ami, qui dessèche le cœur, étouffe la sensibilité, et fait souvent bien des victimes; car celui qui s'en rend coupable, ne s'occupe que de lui, et jamais des autres.

« Un égoïste se préfère à tout; il ignore les plaisirs de la bienfaisance; car tout ce qui pourrait lui causer une privation lui paraît un sacrifice qu'il serait bien dupe de faire. Il ne connaît pas le dévouement; car tout ce qui n'est pas lui le touche très-peu. La générosité lui est inconnue; la grandeur d'âme qui sait pardonner les injures, le courage qui fait braver le danger pour l'éviter à des êtres plus faibles, la gloire de vaincre des passions qui nuiraient au bonheur des autres, toutes les vertus qui font le bonheur et la garantie de la société sont ignorées de l'égoïste, qui trouve que l'univers est fait pour lui, qu'il ne doit de sacrifice à personne et que le *moi* est la seule idole qu'il doive adorer.

» Rien de plus froid qu'un égoïste ; car s'il porte un habit bien chaud, il trouve très-étonnant qu'on lui demande une légère aumône pour celui qui souffre du froid ; tout ce qui ne l'atteint pas ne lui paraît ni douloureux ni malheureux. Se porte-t-il bien ? il ne plaint pas ceux qui sont malades ; est-il riche ? il ne reconnaît point de pauvres dans le monde ; a-t-il bien dîné ? personne ne doit avoir faim. Enfin il rapporte tout à lui, et s'inquiète fort peu si, dans le nombre de ses jouissances, il y en a qui puissent déplaire à quelqu'un.

» Mais si l'égoïste ne sait rien aimer, il ne connaît pas non plus le bonheur de l'être, et sa vie s'écoule tristement dans la zone glacée de l'indifférence : résultat inévitable de ce déplorable défaut. Quand on n'a jamais voulu concourir au bonheur de personne, on a perdu le droit d'exiger que les autres s'occupent du vôtre.

» Les égoïstes ne sont ni bons pères, ni bons maris, ni bons amis ; ils ressemb'ent à ces statues que l'art élève à la mémoire des grands hommes ; elles représentent des héros, mais elles n'en seront jamais elles-mêmes.

» L'égoïsme étouffe tout ce qui est grand, noble et généreux ; c'est une lèpre morale, qui ronge et détruit jusque dans leurs racines les principes de vertu. Et ce qui prouve combien ce vide est hideux, c'est que ceux qui en sont atteints le renient de tout leur pouvoir ; à les entendre, personne n'est plus généreux, plus obligeant, plus compatissant : à cette prétention, il ne manque que la vérité.

» Mais vous allez voir, mes enfants, que les égoïstes rencontrent aussi quelquefois la juste punition de leur insouc'ance pour les autres, et qu'il n'est pas rare de leur voir éprouver la peine du talion.

« Maman, demanda Clément, qu'est-ce que la peine du talion ? — Dans la république d'Athènes, mon ami, les lois étaient rendues par un tribunal qui s'appelait l'Aréopage, et qui était composé des magistrats les plus recommandables. C'était ce tribunal qui prononçait sur les accusations ou les réclamations, par une loi qu'il avait établie et qui lui parais- sait juste. Celui qui avait ôté la vie à un citoyen était puni de mort ; s'il l'avait privé d'un œil ou de tout autre partie du corps, il était condamné à perdre la même partie. Le calom- niateur, reconnu pour tel, encourait la peine qui aurait été prononcée contre celui qu'il avait accusé faussement; et voilà ce qui s'appelait la peine du talion, c'est-à-dire subir la même peine qu'on a faite aux autres. En supprimant la loi, on a conservé la dénomination attachée au sens qu'elle expri- mait.

» Mais revenons à notre égoïste.

» M. de Clarmont était un brave et ancien militaire, aussi distingué par sa probité, ses manières franches et loyales, que par la valeur avec laquelle il s'était conduit dans les différentes batailles où il avait payé de sa personne, et versé son sang pour son pays et pour son roi.

» Ses blessures l'ayant mis hors d'état de continuer à servir sa patrie, il voulut lui donner des défenseurs, qu'il comptait instruire par ses leçons et ses exemples à suivre aussi hono- rablement la carrière militaire, et il se maria. Il n'eut qu'un fils et une fille de ce mariage, et perdit son épouse, qui pendant dix années l'avait rendu le plus heureux des hommes.

» Son fils Adrien était l'aîné; d'une figure heureuse, et annonçant beaucoup de facilité pour apprendre tout ce qu'on voudrait lui montrer, son père fonda sur lui de grandes es- pérances. Sa fille Claire était d'une constitution délicate, qui aurait pu donner la crainte de la perdre, si sa mère n'avait eu le soin de suppléer à la vigueur que la nature lui avait

refusée, en l'entourant de toutes les précautions et de tous
les soins que la tendresse lui suggéra pour affermir son tempérament; une figure douce, une âme aimante, beaucoup de
timidité, telle était Claire, qui faisait les délices de sa mère
qu'elle aimait aussi tendrement et qu'elle pleurait amèrement, quoique la faiblesse de son âge ne dût pas lui laisser
pressentir toute la grandeur de la perte qu'elle venait de
faire, car elle n'avait que huit ans.

» M. de Clarmont ne pouvait guère rester chargé de l'éducation d'une petite fille; du moins il le crut, et mit Claire
en pension dans une communauté de religieuses Ursulines,
qui était en grande réputation à Nancy, ville de sa résidence.
Quant à Adrien, ne voulant pas s'en séparer ni le mettre au
collège, il prit chez lui un gouverneur dont on lui avait dit
le plus grand bien, et qui avait au moins le mérite d'être
fort instruit. M. de Clarmont avait pour son fils une tendresse
qui tenait de l'idolâtrie; à force de s'entendre louer sur tout
ce qu'il faisait ou disait, le petit bonhomme finit par se croire
un prodige; sans cesse on lui parlait de lui, et insensible-
ment il s'accoutuma à ne s'occuper de personne.

» Le gouverneur, dont la vanité était flattée de voir son
élève faire des progrès dans tout ce qu'il lui enseignait,
s'extasiait sur ce qu'il appelait ses moyens, et prédit qu'Adrien
serait un jour la gloire de sa famille et peut-être celle de la
France. Voyant qu'il lui en coûtait si peu pour obtenir de si
pompeux éloges, loin de chercher à les réaliser, Adrien ne
se donna plus la peine d'aller au-delà de ce qu'il savait, et
demeura placé dans la sphère de la médiocrité. A quatorze
ans, il savait à peu près tout ce que l'on sait ordinairement
à cet âge, parce qu'en général ce ne sont que des études
préliminaires que l'on fait et qui doivent conduire à des études
plus graves et plus étendues; mais Adrien trouvait qu'il en
savait assez et ne prit plus la peine de rien apprendre. De
toutes les sciences, celle que M. de Clarmont connaissait le
mieux était l'art de battre l'ennemi et de conduire un régi

ment à la victoire : lorsqu'il eut réussi à inspirer à son fils
la vocation de l'état militaire, il crut en avoir fait un héros.
Adrien avait eu un maître d'escrime, il maniait assez bien
le fleuret, et son père jura qu'il vaincrait à l'assaut les plus
fameux maîtres d'armes.

» Si l'esprit d'Adrien méritait d'être loué et pouvait faire
concevoir des espérances, il n'en était pas de même de son
cœur; peut être était-ce la faute de son éducation; mais il
était très-infatué de sa petite personne, ne pensait qu'à lui,
ne s'occupait que de lui; en un mot, c'était un véritable
égoïste. Il annonçait ce fâcheux défaut dans les moindres
détails de sa vie, et à toutes les époques; car, dès l'âge de
sept ans, il aimait déjà à abuser de la force que son âge lui
donnait sur sa sœur qui avait deux ans de moins que lui.
Dans leurs jeux il la vexait toujours, s'emparait de tous les
joujoux qu'elle possédait, selon son bon plaisir, ne se rendait jamais à ses demandes dans le choix de leurs amusements, la soumettait à tous ses caprices, et profitait de son
extrême timidité pour lui faire répandre des larmes, prétendait qu'elle faisait une grimace en pleurant qui le diver-
tissait beaucoup. Plus d'une fois sa mère l'avait puni pour
ces preuves de mauvais cœur; mais lorsqu'elle fut descendue
dans la tombe, Adrien ne reçut plus de réprimandes, et
Claire n'eut pas de vengeur. M. de Clarmont aimait passionnément les fruits; et comme il avait un très-beau jardin, il
contemplait avec le plaisir d'un véritable propriétaire les
superbes pêches qui embellissaient tout un côté du jardin
qu'il avait fait planter en espalier deux ans auparavant. Il se
félicitait de cueillir, à son vrai point de maturité, les fruits
veloutés dont la grosseur et le riche coloris les auraient
rendus dignes de rivaliser entre les mains de Pâris avec la
pomme qu'il offrit à Vénus.

» Encore trois jours, disait M. de Clarmont en se promenant
avec complaisance devant son espalier, et je pourrai cueillir
ces beaux fruits. »

« Adrien, qui ne tenait pas autant que son père à la perfection des pêches qu'il avait aussi convoitées, aiguillonné
par la tentation d'en manger à son déjeuner, fut se promener
devant les arbres séduisants. Il imprime le pouce sur une
des plus belles pêches, qui cède à l'effort et lui tombe dans
la main. « Voyons si elle est assez mûre, » dit-il ; et la cro-
que ; l'ayant trouvée délicieuse, il recommence et en mange
jusqu'à huit qui étaient l'espoir de M. de Clarmont. Au bout
de trois jours, il vient pour cueillir les fruits ; ô douleur ! il
n'aperçoit plus que des pêches à qui il faut au moins huit
jours pour atteindre à leur maturité. Que sont devenues les
autres ? Il entre en courroux, interroge ses domestiques :
aucun n'est coupable du larcin qui lui cause tant de peine ;
mais on croit avoir vu M. Adrien arrêté devant l'espalier...
« Il se pourrait ? » Quoi ! mon fils ! dit M. de Clarmont ; et il
monte dans la chambre d'Adrien qui était très-occupé dans
ce moment à apprendre sa leçon de géographie et qui en
faisait la démonstration sur la carte

« Est-il vrai, monsieur le coquin, que vous vous amusez
à manger mes pêches ? — Oui ; est-ce qu'il ne le fallait pas ?
— Comment diable ! sans doute, monsieur, il ne le fallait pas.
— Si vous me l'aviez dit, je n'y aurais pas touché ; mais elles
étaient si bonnes ! — Cela me satisfait beaucoup, en vérité.
— Je n'en ai mangé que huit. — Excusez du peu : et vous
n'avez pas seulement pensé que cela me ferait de la peine,
monsieur ? — J'y trouvais tant de plaisir ! — Et moi aussi j'y
en aurais trouvé, monsieur. — Papa, il y en a encore beaucoup. — Sans doute ; bonnes à manger dans huit jours, si
toutefois vous voulez bien en laisser. — Papa, je lisais tout-
à-l'heure que le pêcher nous venait de la Perse ? Tenez,
voyez sur la carte ce pays qui est en jaune. — Fin matois,
tu veux éloigner la question. »

« Apaisé par la vue du pays d'où nous venait de si bonnes
choses. M. de Clarmont se radoucit, oublia les pêches man-
gées, et ne s'occupa plus que de la carte de géographie, où

il s'amusa à chercher les lieux qui lui rappelaient de glorieux souvenirs, et où les Français, qu'il avait eu l'honneur de commander, étrillèrent si chaudement les Autrichiens qui se sauvaient au pas de course.

« Comme Adrien avait une mémoire assez locale, il répéta d'une manière très satisfaisante à son père tout ce qu'il savait de la géographie ; et l'ancien colonel, enchanté, répétait tout bas en s'en allant : « Ce drôle-là ira loin et fera son chemin ; c'est moi qui en réponds. » Comment oser défendre de manger des pêches à un savant qui pouvait affirmer de quel pays nous venait le pêcher ? Aussi M. de Clarmont se contenta de ne pas attendre qu'elles fussent dans leur perfection pour en manger sa part, et Adrien fut libre de les savourer tout à son aise.

» Son gouverneur avait un écureuil qu'il avait élevé avec plus de soin qu'il n'en apportait à former le cœur de son pupille. Le petit animal faisait mille gentillesses très-amusantes qui lui valaient force noisettes et beaucoup de caresses de la part de son maître ; mais il était fort mal propre, et plus d'une fois il avait sali, par ses ordures, les beaux dessins qu'Adrien s'amusait à faire avec de l'encre de couleur, et qui représentaient assez fidèlement des soldats couverts de l'uniforme de leur pays qui faisaient l'exercice, et qu'Adrien découpait ensuite pour les coller sur de petits morceaux de carton, qu'il s'amusait à montrer à ses amis dans une lanterne magique qu'il avait fabriquée lui-même. Justement il venait de terminer un beau colonel de dragons, lorsque l'écureuil vint déposer sur le casque du guerrier une offrande qui ne pouvait pas, à coup sûr, remplacer le panache. Adrien, outré de cette irrévérence, s'occupant fort peu du chagrin qu'il causerait à son gouverneur en le privant de son écureuil, prit l'animal avec colère et le lança par la fenêtre de toute sa force. La pauvre bête se brisa la tête, et Adrien fut vengé.

» Lorsque le gouverneur trouva l'objet de son amusement

étendu sans vie dans la cour, il fut excessivement affligé; mais ne soupçonnant pas que son élève fût capable de lui avoir joué ce mauvais tour, il crut qu'un accident avait causé la fin déplorable de l'écureuil, et se contenta de le pleurer en formant la résolution de ne plus en élever, afin de n'être pas exposé à ressentir le même chagrin. Adrien était égoïste, mais il n'était pas menteur; et si on l'avait interrogé sur les détails qui avaient amené la mort de Coco, il en aurait fait l'aveu. Mais il ne se crut pas obligé de s'accuser, lorsqu'on ne lui faisait aucune question directe, et il garda un profond silence et sur la sottise de l'écureuil qui avait provoqué sa colère et sur la vengeance qu'il en avait tirée. Il poussa même l'indifférence jusqu'à ne point éprouver de remords, en voyant son gouverneur triste, regrettant à chaque instant les distractions que lui procurait son cher Coco.

« En grandissant, Adrien, loin de se corriger de son égoisme, ne fit que multiplier les occasions de s'en rendre coupable. Pendant son enfance, il n'étendait ses vues que sur des objets de peu d'importance; mais en avançant en âge, il livra son cœur à tous les désirs de l'ambition. Il allait voir quelquefois sa sœur dans son couvent; mais ses visites n'étaient pas dictées par un sentiment bien vif, car les égoïstes n'aiment rien. Les jolies bagatelles que Claire se faisait un plaisir de lui offrir lui inspiraient une certaine reconnaissance qui tenait lieu d'amitié. Bientôt des idées nouvelles vinrent faire disparaître ce faible sentiment; Adrien eût voulu être riche, très-riche, et la fortune de son père, si elle devait être partagée également, n'était pas assez considérable pour lui laisser espérer autre chose qu'une honnête aisance : c'était trop peu pour son ambition. Il y aurait bien eu un autre moyen, mais il n'osait pas y arrêter sa pensée; cependant, à force d'y rêver, il finit par s'y habituer : c'était tout simplement d'engager son père a déterminer sa sœur pour qu'elle se fît religieuse; car alors la fortune ne serait plus partagée et reviéndrait à lui seul. Et puis, Claire était si timide... qu'elle serait toujours déplacée dans le monde et beaucoup plus heureuse dans un couvent.

» Telles étaient les raisons dont l'égoïste cherchait à colorer son projet ; et Adrien n'avait encore que seize ans. Son père venait d'obtenir pour lui un brevet de sous lieutenant dans les dragons ; il aurait voulu avoir des chevaux remarquables par leur beauté, des domestiques couverts d'une riche livrée, des moyens de dépenser avec profusion et de se distinguer dans ce genre, dans toutes les garnisons où son régiment résiderait ; et le moyen d'atteindre ces différents buts avec une fortune médiocre? M. de Clarmont aurait eu aussi un vif désir de voir son fils à même d'effacer les autres officiers de son régiment ; mais il était trop prudent pour satisfaire sa vanité aux dépens de ses capitaux, et il s'apprêtait en soupirant à acheter pour son fils deux chevaux qui ne devaient lui coûter que huit cents francs, sans égard pour les vœux d'Adrien qui avait parlé avec enthousiasme d'un bel Andalou dont on voulait quinze cents francs, et d'une jument charmante qu'on laissait pour cinquante louis.

« Fâché de voir que le marché, prêt d'être conclu, lui enlèveraient tout espoir de posséder les deux jolis chevaux objets de ses vœux, il voulut tenter sur l'esprit de son père un nouvel effort pour le déterminer ; et en allant lui rendre ses devoirs, comme il en avait l'habitude tous les matins, il prit un air triste et consterné qui frappa M. de Clarmont. » Qu'as-tu? lui demanda-t-il avec inquiétude. — Rien, mon père ; je pensais seulement combien il est fâcheux de manquer l'occasion unique qui se présente pour faire de moi l'officier le mieux monté de mon régiment. — Que veux-tu, mon ami? je le regrette autant que toi, mais je ne suis pas assez riche pour faire une semblable dépense. — J'ai pensé à une chose qui vous a peut-être échappé, mon père. — Laquelle, mon ami? — C'est que ma sœur ne fera jamais dans le monde une figure bien brillante. — Pourquoi? — Elle est si timide, et j'oserais presque dire si gauche! — Elle est bien timide, il est vrai, mais elle est très-bon enfant. — Excellente! il n'y a pas de doute. — Eh bien! qu'à de commun ta sœur avec les chevaux que tu désires. — Je voulais dire, mon père, que si ma sœur qui déteste le monde, et qui, à coup sûr, n'y brillerait pas, se faisait religieuse?... — Tu n'y penses pas! un enfant de quatorze ans? D'ailleurs je suis bon père et je ne forcerai jamais l'inclination de mes enfants. — Ce ne serait pas vous rendre justice que de le penser; aussi me garderais-je bien de vous le conseiller; mais cependant si ma sœur avait de l'inclination pour le cloître?... — A son âge, sait-on ce qu'on veut être? — C'est précisément pourquoi il serait plus facile de donner à ses idées une certaine direction. — Mais crois-tu qu'elle se laisserait diriger? — Claire qui s'effarouche rien que de voir un chapeau; elle serait enchantée si seulement on lui faisait naître l'idée qu'elle peut passer sa vie avec ces bonnes religieuses. — Tu l'as vue il y a peu de jours? — Oui, mon père, et je vous assure qu'elle n'a jamais l'air plus contente qu'en parlant de toutes les niaiseries dont s'occupent les religieuses. — Pauvre petite! — Vous pensez bien, mon père, qu'en vous donnant cette idée, je serais désespéré de nuire au bonheur de ma sœur. — Oui, mais tu ne serais pas fâché d'avoir sa fortune, hein? — Il me semble que chargé de représenter honorablement votre nom, ce n'est pas un mal que d'en chercher les moyens. Dans le fait, si Claire n'avait point de répugnance pour l'état monastique, je pourrais mener un train analogue à ma naissance. — Il faudra que j'en parle à la supérieure des Ursulines. — Trouver par la suite à faire un bon mariage. — Dès demain j'irai au couvent. — Un bon mariage mène à tout; je pourrais avoir un titre. — Sans doute! je parlerai à ta sœur. — Si je quittais la carrière militaire, j'aurais une charge à la cour. — Non, monsieur, non; mais je crois que le grade de maréchal de France vaut bien une charge à la cour? — Maréchal de France soit, puisque vous le désirez.

mon père. Dans le fait, ces diables de filles ne sont bonnes à rien dans la famille. Ne vaudrait-il pas mieux que ma sœur fût religieuse et que je pusse donner de l'éclat au nom de Clarmont. — Il n'y a pas de doute. »

« Ainsi déterminé, M. de Clarmont fut dès le lendemain parler à la supérieure des Ursulines, pour lui faire part de ses vues, et l'engager à user de son influence pour diriger la vocation de Claire ou la faire naître dans le cas où elle n'en aurait point. La supérieure était une femme aussi bonne qu'éclairée; malgré le plaisir qu'elle aurait eu à voir Claire, qui était un ange de douceur, faire partie de ses religieuses, elle représenta à M. de Clarmont que l'on ne pouvait recevoir de novices avant seize ans, et qu'elle se regarderait comme très-coupable si elle essayait de dominer les idées d'un enfant pour lui faire naître le désir d'embrasser un état auquel Dieu ne l'avait peut-être pas destinée. Peu satisfait de cette sage réponse, M. de Clarmont demanda à voir sa fille; et Claire, qui n'était pas accoutumée à recevoir une pareille visite, accourut toute essoufflée embrasser son père, qui fut bien plus affectueux cette fois qu'il ne l'était ordinairement. Il écouta avec une patiente complaisance tous les détails dans lesquels Claire entra sur les plaisirs dont elle jouissait dans son couvent; et profitant de cet enthousiasme enfantin, M. de Clarmont lui demanda si elle se trouverait bien heureuse d'y passer toute sa vie. « Rien ne pourrait me rendre plus heureuse. — Il ne tiendra qu'à toi de l'être, mon enfant. — Comment cela, cher papa? — En te faisant religieuse. — J'aimerais bien rester au couvent, mais sans prendre le voile — Cela n'est cependant guère possible. — Et pourquoi? — Parce que dans deux ans, si tu ne veux pas être religieuse, je te retirerai du couvent pour te marier. — Avec un homme? — Avec qui donc? — Oh! que j'aime mieux être religieuse! — A toi libre de choisir. — On dit que ces vilains hommes rendent leurs femmes si malheureuses. — Bien obligé, mademoiselle; vous parlez comme si je n'en étais pas un. — C'est

bien différent de vous, papa. — Je sais bien que tous les hommes n'agissent pas avec leurs femmes comme je l'ai fait avec
ta mère. — Oh! non, car on les dit bien méchants. — Tu ne
veux donc point te marier? — Non, non, papa; je vous en
conjure. — Ne crains rien, ma fille, je ne t'y contraindrai
jamais; mais il faut opter entre un mari et le voile; car tu
sens bien qu'il faut qu'une demoiselle soit quelque chose dans
le monde. —Oh! que j'aime mieux être religieuse que mariée!
— Si tel est ton intention, tu ferais bien de solliciter auprès
de madame la supérieure la faveur d'être admise quelquefois
aux exercices des novices. — Cela m'amuserait beaucoup,
mais je n'oserais pas. — Pourquoi? — Parce qu'on dit.…
qu'elles se donnent la discipline. »

M. de Clarmont sourit de la crainte de sa fille, et l'engagea
à la vaincre, en l'assurant qu'il aurait beaucoup de plaisir à
lui voir un voile blanc sur la tête.

» Ainsi l'égoïste Adrien avait profité de l'influence prodi-
gieuse qu'il avait sur l'esprit de son père, pour travailler
sourdement au malheur de sa sœur. Il ne fut que médiocrement satisfait du compte que M. de Clormont lui rendit de sa
visite; il aurait voulu que la supérieure eût consenti à favoriser son projet intéressé; il compta sur la puissance du
temps pour le faire réussir, et déduisant à son père tous les
avantages d'économie qu'il retirerait de la future vocation de
Claire, il le persuada qu'il n'y avait rien d'imprudent à faire,
sur l'avenir, une légère anticipation qui le mettrait à même
de faire briller son fils dans un moment où cela ne pouvait
que produire un effet avantageux sur l'esprit de ses camarades; et le trop faible père consentit à faire un emprunt
chez son notaire, afin de pouvoir acheter la jolie jument et le
bel andalou.

» Les équipages du jeune sous-lieutenant furent remarquables par leur somptuosité, et pouvaient faire supposer qu'A-
drien était possesseur d'une fortune au moins double de celle
qu'il possédait réellement.

» Son arrivée au régiment fut également somptueuse : les militaires raisonnables ne virent, dans tout ce fracas, qu'une tentation puérile ; les jeunes gens crurent trouver dans le nouveau camarade, qui faisait si bien les choses, un bon vivant, toujours disposé à ouvrir sa bourse à ses amis, et les chefs regrettèrent qu'un officier de leur régiment eût donné un exemple qu'ils regardaient comme dangereux.

» Après avoir donné à l'opinion l'impression qu'il jugeait devoir lui être favorable, Adrien se garda bien de continuer un train de dépense qui l'aurait contrait de s'imposer des privations, et ses camarades, qui avaient compté sur sa bourse, furent très surpris de la trouver toujours à sec lorsqu'ils y avaient recours.

» La guerre, et une guerre très-active, vint faire diversion à l'opinion qu'on aurait pu prendre du sous-lieutenant, qui n'était pas sans inquiétude sur la manière dont il pourrait gagner des grades et des croix sans s'exposer à de trop grands périls : car s'il était ambitieux, il n'était pas trop courageux. Plus d'une fois il avait cherché à éblouir ses compagnons d'armes par des fanfaronnades ; mais comme c'est à l'œuvre qu'on connait l'ouvrier, on l'avait envoyé à la première bataille, pour juger du degré de confiance que l'on devait ajouter à ses paroles.

» Il avait des craintes bien vives sur l'issue de cette bataille, que tout annonçait devoir être très-meurtrière ; il savait bien qu'il était difficile d'en imposer au coup d'œil rapide d'un général en chef, et que pour mériter des grades il faudrait bien réellement payer de sa personne. Le hasard le favorisa plus qu'il n'avait osé l'espérer.

» Les ordres avaient été donnés la veille pour assigner aux différents corps les postes qu'ils devaient occuper ; le régiment d'Adrien, placé à l'avant-garde, paraissait devoir être un des plus exposés : ce qui ne flattait pas toujours le jeune de Clarmont Un autre officier de dragons, marié malgré sa famille, et déja père de deux enfants, espérant, en se distin-

guant particulièrement dans la guerre qu'on devait soutenir
avec acharnement, se préparer un moyen de rentrer en grâce
auprès de ses parents, en obtenant un avancement rapide, et
se mettre à même de pourvoir plus facilement aux besoins de
sa femme et de ses enfants. Plus d'une fois il avait exprimé
ce vœu devant Adrien, et les dispositions du général ne l'a-
vaient pas secondé, car il faisait partie du corps de réserve,
et tout donnait à croire qu'il resterait dans l'inaction : la valeur
française et les succès accoutumés ne donnent guère d'occupation aux corps de réserve.

» Adrien le chercha sans affectation, parla du poste qui lui
était assigné; et son camarade regrettant de n'avoir pas été
aussi favorisé, Adrien lui proposa de lui céder sa place,
moyennant toutes les précautions qui pourraient en dérober
la connaissance au général. L'officier remercia avec transport son camarade, à qui il témoigna toute la reconnaissance
possible de ce qu'il le mettait à même de remplir son projet.
Ils changèrent d'uniforme, et à la faveur du casque, ils espé-
rèrent tromper les regards : d'autant plus que l'armée devant
être en bataille à la pointe du jour, la lumière incertaine du
crépuscule devait encore favoriser un secret qui n'eût pas été
honorable pour Adrien si on l'eût connu.

» Les ennemis avaient été diligents dans leurs dispositions,
et l'engagement des deux avant-gardes ayant eu lieu plutôt
qu'on ne l'avait prévu, le choc fut des plus violents, et le régiment d'Adrien taillé en pièces. Le malheureux officier fut tué
un des premiers, et l'égoïste Aprien fut cause de la perte d'un
père de famille, sur qui reposaient toutes les espérances et les
ressources de sa femme et de ses enfants.

» Le corps de réserve ayant reçu l'ordre de venir soutenir
les escadrons enfoncé, Adrien se trouva tout naturellement
à même de venir reprendre sa place, que l'honneur lui dé-
fendait de céder, et les ennemis ayant été repoussés à leur
tour, Adrien put usurper la gloire d'une vigoureuse défense.
Une chose étonnait seulement ses camarades, qui croyaient

l'avoir vu atteint d'un coup mortel, et qui, au lieu de le voir couvert des ombres de la mort, le retrouvèrent couvert de sueur et de poussière. Comme celui qui avait tenu sa place avait combattu vaillamment et qu'il avait tué de sa main plusieurs ennemis, toutes ses actions courageuses passèrent sur le compte d'Adrien, qui reçut des félicitations de la part de ses camarades, qui le prenaient pour un ressuscité, et de grands éloges de la part de ses chefs qui avaient remarqué avec quelle bravoure il avait combattu, et qui l'avaient cru victime de cette même bravoure. Le général ayant été instruit des efforts prodigieux que ce régiment avait fait pour repousser l'ennemi, et quelle perte énorme en était résultée, distribua des récompenses, dans le nombre desquelles Adrien fut compris pour le grade de lieutenant et la croix d'honneur. Il se hâta de mander ce succès à son père, qui l'en récompensa en lui envoyant cinquante louis pour continuer la campagne. La seconde bataille ne lui offrit pas une occasion aussi propice pour mettre ses jours en sûreté : car ayant reçu un léger coup de sabre, il fut si longtemps à l'ambulance pour se faire panser, que la bataille était bien décidément gagnée lorsqu'il revint prendre son poste à son régiment.

« A une troisième bataille, Adrien fut blessé grièvement; et comme il trouvait qu'il avait cueilli assez de laurier, il demanda un congé pour venir se rétablir : ce qui lui fut accordé. M. de Clarmont était si satisfait de revoir son fils couvert de gloire, ayant une décoration et deux grades de plus que quand il était parti, qu'il rassembla ses amis et ses connaissances pour leur faire partager son bonheur, et donner une petite fête à l'arrivant. La pauvre Claire fut oubliée dans cette occasion, où elle aurait dû tenir le premier rang; mais Adrien avait bien d'autre choses à faire que de penser à sa sœur. Parmi les personnes que son père avait invitées, se trouvait la belle et riche baronne de Monteil dont la fille Hortense était citée pour sa beauté et pour les immenses richesses dont elle devait être héritière.

» Adrien la remarqua avec une attention particulière, et
les questions qu'il fit sur son compte redoublèrent le désir
qu'il éprouva de pouvoir la nommer un jour son épouse. Il
en parla à son père, qui était très-disposé à partager sa pré-
dilection pour la charmante Hortense ; mais, en comparant
la fortune que pourrait avoir son fils avec celle de la jeune
personne, il ne pouvait se flatter de l'obtenir pour lui. Adrien
ne renonçait pas facilement à une idée qui flattait son ambition ou sa vanité ; et à force de rêver comment il pourrait
arriver à l'accomplissement de ses vœux, il trouva que, si sa
sœur était religieuse, et que son père voulût lui abandonner
la propriété de son bien, en ne se réservant qu'une pension,
il serait peut-être possible de décider madame de Monteil à
lui accorder sa fille.

» Cette proposition offrait bien quelque difficultés, car
M. de Clarmont aimait beaucoup l'indépendance ; mais il
idolâtrait son fils : d'ailleurs Adrien était si insinuant, si
délié, qu'il ne s'agissait que de saisir un bon moment. Quant
à Claire, c'était une affaire presque arrangée : pour la décider
plus promptement, il fut au couvent demander sa sœur, lui
parla avec enthousiasme de son projet ; et sans paraître douter qu'il fût possible qu'elle se refusât à un sacrifice qui
pourrait lui coûter le bonheur de toute sa vie, il appuya avec
emphase sur la reconnaissance qu'il aimerait à lui devoir,
puisque son bonheur serait en partie son ouvrage. Claire
imagina qu'en lui parlant ainsi, son frère était l'interprète
des volontés de son père, et comme l'obéissance passive à ses
parents était à ses yeux la première vertu que l'on devait
pratiquer, elle imposa silence aux murmures de sa volonté,
qui lui suggérait de s'assurer davantage de sa vocation avant
de prendre un engagement définitif aussi important, et elle
dit à son frère que si, pour assurer son bonheur, il ne s'a-
gissait que de prendre le voile tout de suite, elle était dispo-
sée à le faire. Cette assurance remplit de joie le cœur de

l'égoïste, qui parla à son père, en entrant, de l'ardent désir
qu'avait sa sœur de se consacrer entièrement à Dieu.

» M. de Clarmont partagea la joie de son fils ; mais Adrien,
n'osa pas encore lui parler de l'important sacrifice qu'il attendait aussi de sa part. Cependant il s'était fait présenter chez
madame de Monteil, où il était vu avec plaisir. Quand il se
fut assuré que sa recherche ne serait pas repoussée, si elle
était soutenue par une fortune convenable, il usa de tant d'a-
dresse que sa sœur avait pris le voile et qu'on lui avait fait la
promesse d'abréger le temps d'épreuve de six mois ; que
M. de Clarmont avait demandé la main de la belle Hortense
pour son fils, offrant la cession de son bien, et ne se réservant qu'une pension modique ; et qu'on avait consenti, d'a-
près cette condition, à ce que le mariage se fît du moment où
Claire aurait prononcé les derniers vœux qui l'enchaînaient
irrévocablement.

» Ces différents événements arrivèrent au grand contentement d'Adrien, qui prétendit éprouver une douleur si violente des suites de sa blessure, qu'il ne lui était plus possible
de rester au service : et il donna sa démission.

» Voulant suivre une nouvelle carrière, il choisit la diplo-
matie ; et par les puissantes protections que sa belle-mère
avait, il obtint la place de secrétaire d'ambassade.

» Un mariage contracté sous les auspices de l'intérêt ne
devait pas avoir de résultats bien heureux ; aussi il y avait
à peine six mois qu'Adrien était marié, qu'il avait déjà eu
avec sa femme deux querelles très-grave : car elle était très-
exigeante et avait la déplorable passion du jeu. Adrien connut
alors que la beauté et la fortune ne suffisent pas pour assurer
le bonheur lorsqu'on se marie et qu'il est encore plus essentiel
de chercher la vertu que l'opulence. Il parla d'abord en maître et ne fut point écouté ; mais comme c'était lui qui touchait
les revenus, il se promit bien de ne rien accorder à sa femme
au-delà de ce qui était strictement nécessaire. Les liens de
bienveillance qui doivent faire le bonheur des époux étant

ainsi relâchées, le mari partit sans regret pour son ambassade, et sa femme promit de se dédommager, pendant son absence, de la contrainte qu'il lui imposait pendant son séjour. M. de Clarmont voyait avec chagrin qu'une union pour laquelle il avait fait un énorme sacrifice, était loin d'être heureuse. Son fils avait pris toute la roideur diplomatique, et comme il n'avait plus rien à attendre de son père, il le traitait assez lestement. Sa bru, piquée de ce qu'il ne lui donnait pas toujours raison dans les démêlés fréquents qu'elle avait avec Adrien, n'avait pour lui que les égards prescrits par la plus froide politesse.

» Claire aurait pu être la dépositaire des chagrins de son père et lui offrir quelque consolations, mais, par un sentiment de pudeur, M. de Clarmont n'osait aborder de pareils sujets avec sa fille ; car, à la tristesse de ses regards, au dépérissement de sa santé, à l'embarras visible qu'elle éprouvait lorsqu'il allait la voir, il craignait d'avoir été l'instrument de son malheur et de ses regrets : ce qui n'ajoutait pas peu aux siens.

» Enfin la jeune madame de Clarmont fit une perte si énorme au jeu, que toute la ville fut instruite de cette fâcheuse nouvelle. Inquiet des bruits qu'il avait entendu circuler, M. de Clarmont voulut les vérifier, et demanda avec beaucoup de ménagements à sa belle fille quel degré de foi il devait ajouter à ce que l'on disait sur son compte. Hortense lui répondit avec aigreur que quand on avait porté une aussi belle dot que la sienne, il était fort dur, et même humiliant de s'entendre demander quel emploi l'on en faisait. Rien n'était plus vrai cependant que cette perte énorme, qui amena encore des propos plus fâcheux, que M. de Clarmont, en sa qualité d'ancien militaire, crut devoir repousser l'épée à la main. Il fut tué dans cette affaire d'honneur ; et Hortense eut à ajouter le regret d'avoir causé la mort de son beau-père à celui d'avoir perdu sa réputation et une partie de sa fortune. Adrien, instruit de la conduite de sa femme, en conçut une

8.

vive indignation, mais il n'en fut pas moins obligé de payer les dettes qu'elle avait contractées, sous peine d'être déshonoré lui-même.

» Se mettant parfaitement à son aise sur tout ce qui était procédé, et comptant sur les protections puissantes de madame de Monteil, qui soutenait sa fille dans sa mauvaise conduite, Hortense brava son mari de la manière la plus outrageante ; car elle savait bien qu'il consentirait plutôt à perdre l'honneur que la place que sa belle-mère lui avait fait avoir, et elle continua de jouer et de faire toutes sortes d'extravagances.

» Une méchante supérieure avait succédé, dans le couvent des Ursulines, à celle qui avait conseillé si sagement à Claire de consulter mûrement sa vocation avant de prendre un état pour lequel elle ne la croyait pas faite. Cette mauvaise religieuse, abusant de son despotique pouvoir, tourmentait Claire ; et en la rendant excessivement malheureuse, lui faisait sentir doublement combien elle avait eu tort d'enchaîner sa liberté. Les vexations journalières auxquelles elle était en butte ne faisant qu'accroître, la malheureuse Claire prit le parti désespéré de se sauver de son couvent et de venir se réfugier chez sa belle-sœur, quoiqu'elle ne la connût qu'à peine. Hortense espéra qu'en accueillant la fugitive elle ferait enrager son mari ; et ce fut pour elle un motif déterminant. Lorqu'Adrien apprit cet événement, il jeta feu et flamme ; la crainte qu'il éprouvait d'être compromis, si on venait à découvrir l'asile que sa sœur avait trouvé chez lui, l'engagea à faire l'action la plus lâche et la plus barbare à la fois, car il la dénonça à l'autorité, qui envoya des agents pour l'arrêter. La malheureuse Claire voulant éviter le sort qui l'attendait, essaya de sortir de la maison, qui était investie, en se sauvant par les toits, espérant gagner une autre maison par ce moyen ; mais comptant trop sur son agilité, tandis que sa tête était troublée par la frayeur, elle perdit l'équilibre, et, glissant le long du toit, elle tomba en roulant dans la rue et se

brisa la tête sur le pavé. Alors la multitude, rassemblée par
ce funeste événement auprès de la maison d'Adrien, exhala
contre lui les plus virulentes imprécations, l'accusant d'être
le meurtrier de son père et de sa sœur. L'indignation publique se porta même jusqu'à briser ses fenêtres et couvrir de
boue la façade de cette habitation.

» Hortense, indignée de la conduite de son mari, sans
penser combien la sienne était coupable, le traita de la
manière la plus méprisante et ne mit plus aucun frein à sa
mauvaise conduite. Mécontent et malheureux, Adrien sentit enfin qu'en sacrifiant continuellement les intérêts des
autres aux siens propres, on ne devait compter sur l'affection de personne ; mais ces réflexions étaient trop tardives.
Etant tombé en paralysie, par suite de ses chagrins et de
ses remords, il but le calice jusqu'à la lie.

» Continuellement occupée du jeu ou de ses plaisirs,
madame de Clarmont profita de l'état fâcheux de son mari
pour diriger seule la maison, faisant à son gré des réfor-
mes dans les gens qui la servaient, dirigeant tour à tour
la dépense de sa maison sur les gains ou les pertes qu'elle
faisait au jeu. Quelquefois le malheureux Adrien restait
seul pendant des journées entières, sans que personne eût
songé aux besoins qu'il devait éprouver. Dépendant de
tout ce qui l'entourait, il n'osait pas se livrer à des plaintes amères, qu'il savait bien ne devoir que provoquer les
railleries de son épouse ; et quand, cédant au sentiment douloureux qui l'oppressait, il répandait des larmes, Hortense
lui répondait froidement que celui qui n'avait jamais aimé
que soi ne devait compter sur l'attachement de personne.

» Ainsi s'écoula la fin de la vie d'Adrien, qui mourut,
pour ainsi dire, faute de soins et dans un état d'isolement
déplorable. Malgré les succès que son ambition avait obte-
nus, et les richesses que sa cupidité avait convoitées aux
dépens de son père et de sa sœur, il fut extrêmement
malheureux, par la raison qu'un égoïste, en restant indif-

férent aux liens les plus chers, anéantit lui-même tout le bonheur que la Providence a mis à la portée de l'homme, en lui donnant une âme aimante : car ceux qui renoncent aux douceurs que l'on trouve à être a'mé, pour ne s'occuper que de jouissances qui leur sont purement personnelles, ne méritent pas qu'on les plaigne, lorsque, par une juste rétribution, ils ne trouvent pas dans les autres la bienveillance dont ils auraient besoin et qu'ils n'ont jamais accordée à personne. »

» Quelle terrible histoire! s'écria Séraphine en joignant les mains. Il me semble voir la malheureuse Claire toute fracassée sur le pavé, et j'en frémis rien que d'y penser. — Ce devait être, en effet, un spectacle bien déplorable que de voir une jeune personne, née pour être vertueuse, égarée à ce point par le désespoir. — Pour moi, dit Achille, je suis bien convaincu d'une chose, c'est que les lâches sont toujours méprisables et capables de vilaines actions; et du moment que vous nous avez montré Adrien comme étant un poltron, je me suis bien attendu à ne lui voir faire que des sottises. — Tu as raison, mon ami; le courage annonce toujours des sentiments généreux, incompatibles avec la bassesse de l'égoïsme. — Il faut convenir aussi que ce M. de Clarmont était bien coupable de sacrifier ainsi le bonheur de sa fille aux vues intéressées de son fils. — Tel est l'aveuglement de la partialité; et c'est sans doute un grand malheur de l'éprouver. »

« Cette histoire m'a rendu tout triste, ajouta Clément, mais cependant me donne un peu bonne opinion de moi-même; car je ne me trouve aucun rapport avec le vilain caractère d'Adrien, et il me semble que, si j'étais grand et qu'on voulût opprimer mes sœurs, je serais le premier à les défendre, quand même je devrais exposer ma vie. C'est une preuve que je ne suis pas égoïste, n'est-ce pas, maman? — Oui, mon ami, et conserve toujours dans ton cœur les

mêmes sentiments; car, non-seulement ils te feront honneur, mais ils te rendront heureux. »

Animés par les réflexions que l'histoire d'Adrien leur avait
fait faire, les enfants se jetèrent spontanément dans les bras
de leur maman, en lui promettant qu'une tendre amitié les
unirait toujours, et qu'ils seraient bien désolés de mériter
le reproche d'égoïsme. De douces caresses récompensèrent
cet élan, et madame de Melleville rendit grâce à la Provi
dence de pouvoir être encore la plus heureuse des mères,
si elle était privée d'être la plus heureuse des épouses.

NEUVIÈME LEÇON

DE L'AMOUR DU PLAISIR

« Dieu ! que je me suis amusée aujourd'hui ! dit Gabrielle
en prenant sa place, au moment où la petite réunion du
soir allait avoir lieu.

— Et qu'as-tu fait pour cela, lui dit madame de Melleville ? — D'abord, j'ai été voir les marionnettes, comme
vous me l'aviez permis, maman ; ensuite j'ai regardé faire
la revue du beau régiment suisse qui passait ; et puis les
demoiselles de Grifan, avec qui vous m'aviez permis d'aller,
m'ont mené promener sur le lac. Nous avons été dans leur
charmante maison de campagne, où il est venu beaucoup
d'autres demoiselles. Un jeune monsieur est venu jouer du
violon ; on a formé des contre-danses, et j'ai dansé, j'ai
dansé !... Dieu ! que j'étais heureuse ! Je voudrais que toutes
mes journées se passassent ainsi. — Tu en serais bientôt
lasse, ma pauvre Gabrielle. — Oh ! maman, le plaisir est
une si bonne chose ! — Sans doute, mais c'est lorsqu'il est
pris avec modération. Rappelle toi, chère enfant, ce que
nous lisions l'autre jour dans un volume de Massillon : « Le
plaisir est la séduction de la jeunesse ; par cette amorce
trompeuse on l'entraîne à toutes sortes d'états. » Oui, ma-

man, mais ce Massillon était un prètre; il était sans doute triste, sévère, car quel mal y a-t-il à aimer à s'amuser? — Le mal n'est que dans l'abus : et si vous voulez me laisser la maîtresse de choisir le sujet dont nous nous entretiendrons ce soir, comme il s'offre tout naturellement, vous m'obligerez. »

Les enfants ayant consenti à la demande de leur maman, madame de Melleville reprit ainsi :

« Il est si naturel d'aimer le plaisir et la dissipation lorsqu'on est jeune, qu'en parlant contre ce goût si généralement répandu, je m'exposerais peut-être au reproche d'être trop sévère; mais ce n'est que l'excès de l'amour du plaisir, et les inconvénients qu'il peut entraîner, que je condamne; et c'est seulement en en démontrant le danger, que je prétends lui prescrire des bornes. Rien n'est plus facile à prouver; car cet amour du plaisir éloigne presque toujours de la pratique des devoirs les plus essentiels, parce qu'il fait tout oublier. Il nuit à la santé, car on lui sacrifie les considérations les plus importantes ; il altère souvent le bonheur, parce que ses jouissances n'étant que passagères et bien fugitives, laissent du vide dans le cœur, souvent des regrets, et quelquefois des remords.

» La jeune femme qui se livre à son goût effréné pour le plaisir, brave souvent, pour le satisfaire, l'opinion publique ou la volonté de son mari : et de cette diversité naît la mésintelligence. Le magistrat qui aime trop son plaisir, passera les soirées et les nuits dans des assemblées brillantes, au lieu de se livrer à l'étude des lois dont il est l'organe, et dont il peut faire une application si nuisible à l'honneur, à la fortune et même à la vie de ses concitoyens, dont il est souvent l'arbitre. Le médecin qui préfère son amusement à l'activité si nécessaire à ses malades, n'est-il pas dans ce moment responsable de leur vie? L'administrateur qui passe en parties de plaisirs le temps qu'il doit consacrer à veiller aux intérêts de ses administrés, ne leur fait-il pas un tort réel? L'a-

5..

vocat qui néglige les intérêts de ses clients, ne compromet-il pas souvent leur bonheur? Le père de famille dont le travail est nécessaire à la subsistance de sa femme et de ses enfants, et qui passe des journées à s'amuser, n'est-il pas coupable? Et puisqu'on peut se convaincre si facilement que le goût immodéré du plaisir peut nuire au bonheur, à la santé, à la réputation, à la fortune, n'est-ce pas une grande folie de s'y livrer sans mesure? Il faut user du plaisir comme la chimie use des poisons; c'est-à-dire avec une extrême prudence. On comprend, en général, sous la dénomination de plaisirs, la danse, les spectacles, les concerts, et toutes les assemblées bruyantes qui entraînent beaucoup de dissipation. Une jeune personne qui n'a pas encore des devoirs bien étendus à remplir, trouve tout simple de saisir les occasions de s'amuser; mais si elle pensait qu'en contractant la dangereuse habitude de ne chercher des distractions que dans le tourbillon du grand monde, on perd presque toujours le goût des jouissances douces et simples, ainsi que la satisfaction d'une bonne mère de famille doit trouver dans l'intérieur de sa maison, elle ferait en sorte d'éviter cet écueil. La comparaison des souvenirs que lui procureront ces deux manières d'être différentes, lui ferait choisir sans doute celle qui ne laisse aucun regret, et qui fait trouver une douce satisfaction dans l'accomplissement des devoirs les plus essentiels.

» Toulouse est une ville aussi agréable par les avantages du site et par la réunion d'une société nombreuse et distinguée. Les régiments qui en composaient la garnison se disputaient à l'envi à qui donnerait les fêtes les plus brillantes. Cette concurrence multipliait à l'infini les bals, les concerts, et toutes sortes d'amusements; aussi les militaires sont-ils chéris et reçus à merveille dans la bonne compagnie, reconnaissante des plaisirs qu'ils lui procurent. Dans le nombre des jeunes personnes qui trouvaient délicieux de se fatiguer pendant plusieurs nuits de suite a des bals charmants donnés par la garnison. on distinguait mesdemoiselles de Saint-Albin, jolies comme les amours, ayant reçu une éducation très soignée, possédant les talents d'agréments qui répandent du charme dans la société, et les deux plus infatigables dan-seuses de Toulouse.

» L'aînée s'appelait Céleste, et sa figure ne démentait pas son nom. La cadette se nommait Constance, et si l'on eût voulu personnifier la plus jeune des Grâces, on aurait pris Constance pour modèle.

» Un père et une mère indulgents donnaient à ces jeunes personnes toute la latitude qu'elles pouvaient désirer pour se livrer aux plaisirs de leur âge. Elles étaient de toutes les fêtes, de toutes les réunions, et la société était tellement ha-bituée à les voir briller, qu'on aurait regardé comme un événement important de voir une fête où ces demoiselles ne se seraient pas trouvées, et toute la ville aurait été se faire inscrire le lendemain chez elles pour savoir de leurs nouvelles; car on n'aurait pu accuser qu'une grave indisposition d'avoir causé une semblable absence.

» L'extrême dissipation dans laquelle vivaient mesdemoiselles de Saint-Albin, éloignait les hommes sensés qui auraient pu les demander pour épouses. Cependant un grave conseiller à la Cour royale, séduit par la douce voix de Céleste, la demanda en mariage, l'obtint, et se crut le plus fortuné des hommes. Il s'appelait Dorset. Céleste avait plutôt suivi le dé-sir de ses parents que le sien en lui donnant sa main; elle en avait souvent entendu faire l'éloge, mais il ne lui était jamais entré dans la pensée d'approfondir si elle le méritait, et elle se trouva madame Dorset sans préférence bien décidée pour son mari, dont les bonnes qualités changèrent bientôt en ten-dresse réelle l'estime vague qu'elle avait d'abord eue pour lui. La folâtre Céleste avait de nombreuses vertus qui n'é-taient obscurcies que par son trop grand amour du plaisir; mais, pendant la première année de son mariage, elle fut rappelée à la modération par l'expérience la plus cruelle.

» Elle devint enceinte; et comme sa grossesse s'était déclarée au mois d'août, la chaleur lui avait évité la tentation
d'aller au bal, parce qu'on en donne rarement dans cette
saison. Mais les premiers mois d'hiver ayant ramené les plaisirs accoutumés, malgré les prières et les représentations de
son mari, qui n'osa pas, dans cette occasion, faire usage de
son autorité pour aller jusqu'à la défense ; malgré l'avis du
chirurgien qui décida que, dans sa position, il était très-
dangereux de se livrer à un exercice violent, Céleste voulut
aller au bal, et promit seulement d'être modérée sur le nombre des engagements qu'elle accepterait. Le désolé conseiller
donna la main à sa femme en soupirant et en déplorant son
entêtement, dont il espéra prévenir les suites et empêcher
les imprudences qu'elle aurait pu commettre en dansant
trop souvent. Mais cette prévoyance fut inutile, car, dès la
seconde contredanse, Céleste fit un faux pas qui l'étendit,
ainsi que son danseur, tout de son long sur le parquet. La
violence de la chute, et peut-être la frayeur, la rendirent si
malade que la nuit elle fit une fausse-couche qui la mit dans
le plus grand danger. A la veille de perdre sa femme,
M. Dorset sentit moins le regret d'avoir perdu son enfant ;
mais lorsque les soins d'un chirurgien habile eurent rendu
la santé à l'imprudente Céleste, elle n'eut pas besoin que
son mari lui fit des reproches pour s'en faire à elle-même de
très-vifs. Sa conscience lui répétait sans cesse qu'elle était
devenue homicide par sa faute ; ses larmes et ses regrets ex-
piaient bien amèrement l'imprudence qu'elle avait commise,
et les réflexions sages qu'elle fit ne furent pas sans fruit.
Elle prit la danse en aversion, et tous les plaisirs bruyants
lui devinrent aussi odieux qu'elle les aimait passionnément.

» Voulant dédommager son mari de la perte qu'elle lui
avait causée, autant qu'il était en son pouvoir, elle prévint
ses goûts, se concentra davantage dans l'intérieur de sa maison, et devint aussi vertueuse qu'elle était aimable

» La Providence bénit cet heureux changement, et la rendit mère une seconde fois ; mais il n'y eut pas besoin de la défense des gens de l'art pour qu'elle évitât tout ce qui pouvait lui être nuisible ; elle renchérissait même sur les précautions qui lui étaient prescrites, et elle eut la satisfaction de donner le jour à un garçon robuste. Les soins qu'exige l'éducation du premier âge achevèrent d'éloigner madame Dorset de tout plaisir bruyant. Sans renoncer totalement à la société dont elle faisait les délices, elle eut l'art de concilier les devoirs d'une bonne mère de famille avec les égards et les convenances que lui imposait la place de son mari.

» La charmante Constance avait été au désespoir de l'accident arrivé à sa sœur ; mais une partie de son chagrin venait de la persuasion où elle était qu'une bonne danseuse ne devait jamais faire de faux pas. Souvent elle disait avec dépit : « Comment peut-on être assez maladroite pour se laisser tomber en dansant? »

» Elle éprouva pendant le carnaval toute l'influence de ce goût effréné qu'elle n'avait jamais voulu modérer. Après avoir dansé quinze contredanses de suite, excédée de fatigue, mourant de chaud, mais enivrée des louanges qu'on donnait à ses grâces ainsi qu'à sa légèreté, elle voulut en mériter de nouvelles, valsa pendant une heure, et se retira baignée de sueur. En vain prit-elle les précautions d'usage pour empêcher la transpiration d'être répercutée, cette fatigue qu'elle avait poussée bien au-delà de ses forces, avait attaqué irrévocablement ses poumons, et la jolie Constance tomba dans une maladie de langueur qui la conduisit au tombeau, après dix mois de souffrances les plus aiguës : elle venait d'atteindre sa dix-huitième année. Vous voyez, mes enfants, par ces exemples, qui ne sont malheureusement que trop communs, combien il est essentiel de se tenir en garde contre une passion dont les suites peuvent être si désastreuses.

— Jamais je n'aurais cru, dit Clément, que le plaisir pouvait avoir des effets si tristes ; et j'aurai soin de ne pas m'y livrer avec trop de facilité. — Tu feras très-bien, mon ami, et, pour appuyer mes réflexions, je suis sûre que Gabrielle, qui paraissait si contente tout à l'heure d'avoir pris tant de plaisir, conviendra, si elle veut être de bonne foi, qu'elle n'a accompli aujourd'hui aucun de ses devoirs d'habitude ; qu'elle n'a pas écrit une seule ligne, pas appris une leçon, et que la chemise qu'elle avait promis de coudre pour la donner à la pauvre mère Bertaut n'est pas faite. Qu'en dis-tu, Ga- brielle ? — Que vous avez bien raison, maman, et que je n'ai seulement pas pensé à faire aucune de ces choses, tant j'étais pressée d'aller me divertir. — Tu vois donc que j'ai raison d'observer que l'amour du plaisir nuit à l'amour du devoir. — Oui ; car à présent que j'y pense, je regrette le plaisir que j'aurais eu à porter à la mère Bertaut la chemise qu'elle at- tend, et il me paraîtra bien dur d'écrire deux pages au lieu d'une, et d'apprendre six leçons au lieu de trois. — Cela t'engagera à te rappeler une autre fois, ma bonne amie, que pour être toujours satisfaite de soi-même, il ne faut se livrer au plaisir que quand on a rempli son devoir. »

DIXIÈME LEÇON

DE LA FRANCHISE.

Le sort avait mis Edouard à même de prescrire des lois à la complaisance de sa maman, et il paraissait si content de cette faveur de la fortune, que toute la petite famille s'attendait à lui voir faire une demande importante. On fut assez surpris de l'entendre dire seulement : « Maman, qu'est-ce donc que la franchise ? — C'est une qualité précieuse, répondit madame de Melleville, que tout le monde se pique de posséder, mais que bien peu de personnes possèdent véritablement. Chacun l'habille à sa guise ; et tel bourru croit excuser la dureté de ses boutades en disant qu'il est franc, ou telle femme qui déchire son prochain sans pitié, met ses médisances sur le compte de la franchise. C'est ainsi que la faiblesse humaine dénature les vertus, et leur donne son caractère. Il faut éviter ces écarts d'une imagination vive; qui, pour n'avoir pas la peine de réfléchir, s'égare dans sa conduite, et lui cherche un palliatif en lui donnant de faussses dénominations.

» La franchise est une vertu qui annonce presque toujours une âme grande et généreuse : elle dédaigne les subterfuges de la dissimulation, mais elle sait adopter, quand il le faut,

les ménagements de la bonté. La franchise ne consiste pas à
dévoiler indistinctement sa pensée, mais elle ordonne de
penser ce que l'on dit. Aller au-delà deviendrait indiscrétion,
par conséquent un défaut ; mais la franchise donne le courage,
ou d'avouer ses torts personnels, ou de rendre justice même
aux ennemis qu'on peut avoir ; et c'est en cela qu'elle dénote
une belle âme. Son énergie lui fait prendre ouvertement le
parti de la justice ; et lorsqu'on a des amis accusés injustement, nulle considération, nul intérêt personnel n'empêche
la franchise de les défendre avec chaleur ; la vérité devient
son égide, et la bonté lui fait tout braver.

« La franchise nous rend discrets sur nos bonnes qualités.
Plus occupée des autres que de soi-même, elle donne aux
engagements qu'elle prend un caractère sacré et irréfragable.
Le commerce d'une personne franche est toujours recherché,
parce qu'il est sûr ; c'est le premier caractère de la véritable
amitié : par conséquent il doit être précieux. Un caractère
franc est généralement estimé et considéré ; il contribue au
bonheur de ceux avec qui l'on est en liaison directe ; il est
donc essentiel de faire en sorte d'acquérir la franchise, puisqu'il est reconnu qu'elle est la source d'une infinité d'autres
vertus. Henri IV et Sully, son ministre, sont des modèles
bien rares de franchise, que l'histoire aime à citer. Jaloux
de la gloire de son maître, et l'aimant trop sincèrement pour
le flatter, le nom de Sully passera à la postérité comme un
nom applicable à tous les hommes en place, susceptibles
d'assez de courage et d'honneur pour oser faire entendre au
souverain le langage austère de la vérité, au risque d'être
disgraciés. Sully partage la gloire du règne d'Henry IV, parce
que c'est à la courageuse franchise de son ministre que ce
roi dut de ne pas donner dans les erreurs trop communes aux
princes que la flatterie encourage. Un jour que le roi avait eu
la faiblesse de signer un papier qui devait nuire à sa gloire,
Sully eut le courage de le déchirer ; et Henri, loin d'en vou-
oir à son ministre d'avoir osé braver sa volonté, ne vit dans

cette action hardie que le mérite d'avoir voulu épargner à
son roi une action qui lui aurait attiré le blâme public. C'est
surtout dans un rang élevé où la franchise se rencontre plus
rarement ; cependant il en est quelques exemples que l'on se
trouve heureux de pouvoir citer.

« Sous un soudan d'Égypte, nommé Saladin, la guerre
ayant été déclarée, ce soudan mit sur pied une nombreuse
armée qui devait repousser les efforts des princes chrétiens
réunis, afin de faire la conquête de Jérusalem. Saladin était
brave et possédait de grandes qualités. Il confia le command-
dement d'une de ses armées à un général auquel il avait cru
reconnaître de grands talents. Le général, en donnant des
ordres pour une bataille qui devait avoir lieu le lendemain,
avait tellement contredit les principes de la tactique militaire,
qu'un de ses capitaines lui fit quelques représentations à cet
égard ; mais le général s'obstina à maintenir l'ordre qu'il
avait donné. Le capitaine, nommé Hssan, ayant cru remarquer que son général n'avait pas observé bien exactement les
règles de la tempérance, et que les fumées du vin avaient
sans doute obscurci ses lumières ordinaires, prit sur lui de
changer tout le plan de bataille ; et portant aux différents
corps qui composaient l'armée mahométane, des ordres
qu'il avait seul dictés, il les leur donna comme étant envoyés
par le général. Grâce aux sages dispositions de Hassan, la
bataille fut gagnée, tandis qu'elle aurait été perdue, si les
ordres du général avaient été exécutés. Saladin, satisfait de
l'avantage qui résultait de cette victoire, voulut en témoigner
son contentement au général, qu'il fit venir auprès de lui, et
à qui il accorda de grands éloges et une magnifique récompense ; mais, poussant la franchise au point de mériter la
disgrâce du soudan plutôt que de commettre une injustice,
le général se jeta aux pieds de Saladin, et lui fit l'aveu de
l'ivresse où il s'était laissé aller la veille. « Grand Saladin,
ajouta-t il le front prosterné contre terre, je t'apporte ma
tête, car j'ai failli causer la défaite de ton invincible armée

par les mauvaises dispositions que j'avais tracées pour la bataille. Plus sage que moi, un sage capitaine a redressé mes erreurs, sauvé la gloire, et conservé la vie à un grand nombre de tes sujets. C'est donc Hassan qui mérite la récompense que tu daignais m'accorder, et je la réclame de ta bonté par ce digne capitaine. Quant à moi, je ne mérite qu'un châtiment sévère; et si ta clémence daigne me l'épargner, et me conserver la vie, je jure de la consacrer toute entière à réparer ma faute, et à te servir fidèlement. »

» Le soudan, touché d'une si noble franchise, fit grâce au général, et éleva le brave Hassan au même grade : se contentant d'infliger pour punition à celui qui avait failli, et qui en avait fait l'aveu, de descendre au rang du capitaine, et de reconquérir par quelque action d'éclat le grade éminent qu'il venait de perdre. Plein de reconnaissance et du désir d'effacer sa faute, il ne tarda pas à se distinguer d'une manière si brillante, qu'il fut promptement rétabli dans son ancienne dignité.

» Il y a un proverbe qui dit que *faute avouée est à moitié pardonnée*; c'est un hommage rendu à la franchise, car il est difficile de conserver un vif ressentiment contre quelqu'un qui fait l'aveu de ses torts avec sincérité. Mais voici encore un exemple qui appuiera mon opinion sur le cas que l'on doit faire de la franchise, qui est un des principaux caractère auquel on peut reconnaître la véritable amitié.

» Deux jeunes personnes avaient été élevées dans la même pension, et la plus tendre amitié les unissait. L'une s'appelait Aglaé; elle était fille d'un général, et devait avoir une fortune considérable; son caractère était aimable, enjoué, mais extrêmement étourdi; souvent, par ses inconséquences, elle aurait couru le risque de compromettre sa réputation et de donner d'elle la plus mauvaise opinion. Heureusement Camille, son intime amie, était d'un caractère plus réfléchi, et retenait la pétulante Aglaé, lorsqu'elle était prête à donner dans quelque écart. Il fallait du courage, et surtout de la

franchise, à Camille, pour braver le mécontentement passager que ne manquait pas d'éprouver Aglaé, lorsqu'on lui
faisait apercevoir ses défauts, ou qu'on l'empêchait de commettre des fautes, Camille était sans fortune, et c'était avec
beaucoup de peine que son père, médecin très-instruit, venait
à bout de payer sa pension, voulant au moins laisser à sa fille
une bonne éducation, s'il ne pouvait pas lui laisser de richesses. Souvent la garde-robe de Camille s'enrichissait des
rebuts de la garde-robe d'Aglaé, et comme celle-ci était
opulente et généreuse, elle épargnait bien des privations à
sa jeune amie, et lui procurait le plus de jouissances qu'il
était en son pouvoir. Camille reconnaissait ces attentions
par une tendre amitié, et en lui donnant des conseils dictés
par la plus austère franchise.

» Un jeune aide-de-camp du général père d'Aglaé venait
quelquefois à la pension apporter des lettres à la jeune personne, de la part de son papa. Il avait saisi cette occasion
pour lui glisser de ces compliments insignifiants, avec lesquels les hommes cherchent à tenter la vanité des femmes,
et à connaître jusqu'à quel point la flatterie peut leur faire
impression. Armand était le nom de l'aide-de-camp, qui
voyait avec une secrète satisfaction que ses louanges faisaient
impression sur le cœur d'Aglaé. Plus d'une fois Camille avait
représenté à son amie qu'il n'était pas convenable de recevoir
si souvent le jeune militaire. « Mais, lui répondit Aglaé avec
impatience, suis-je donc la cause si mon père m'écrit souvent?
— Conviens, Aglaé, que tu n'es pas fâchée de l'occasion. —
Sans doute, Armand est si gentil ! — et si flatteur surtout !
— Tu ne sais ce que tu dis, car il ne me flatte jamais. —
Pas plus loin qu'hier, où il te jurait que tu étais belle à
ravir. — Je suis peut-être laide, moi? — Non : mais entre
'a beauté et une figure passable, il y a loin, je pense. —
Sais-tu, Camille, que je te crois jalouse? — Et sur quoi, mon
amie, pourrais-je l'être? — Qui sait? tu voudrais peut-être
qu'Armand t'adressât les jolies choses qu'il me dit? — Je

t'assure que je ne le souffrirais pas, car je me rends justice,
et sais bien que mes traits n'ont rien d'agréable. Ainsi,
lorsqu'il voudrait me dire le contraire, je serais sûr qu'il se
moquerait de moi, et cela ne me flatterait guère. — Oh!
bien, moi, je suis bien sûre qu'il ne me dit que ce qu'il pense.
— Pauvre Aglaé! songe donc avec quel air de bonne foi Armand te disait l'autre jour que tu chantais à ravir? Tu sais
pourtant bien ce que notre maître de musique t'a dit là-
dessus? — Il est vrai que le maître prétend que j'ai la voix
fausse. — Eh bien, si Armand peut te mentir sur une chose,
crois-tu qu'il ne te trompe pas sur beaucoup d'autres? —
Cela peut être; mais quand il m'assure qu'il m'aime de toute
son âme, il ne me trompe pas cette fois? — Il t'a dit cela? —
Sans doute, et bien des fois encore; qu'y a-t-il donc là de si
extraordinaire? — Rien, sinon qu'une jeune personne ne
doit pas permettre ces choses-là. — Tu es bien drôle, Camille, tu trouves du mal à tout. — Non, mon amie; mais je
t'aime sincèrement, et j'ai le courage de te dire la vérité.
— Pourquoi veux-tu qu'Armand ne me la dise pas aussi? —
Compare, mon Aglaé; en te disant ce que je pense, je risque
souvent de te déplaire: c'est donc contre mon intérêt que
j'agis en te parlant avec franchise? Quelle différence pour
Armand! En te disant des choses flatteuses, il est bien sûr de
te plaire; qu'il pense ou non ce qu'il te dit, son but est
toujours rempli, n'est-ce pas? — N'importe, je ne croirai
jamais qu'il me trompe. — Ce que je te dis est dans la crainte
que tu ne t'attaches à ce jeune homme, qui pourrait peut-être
ne pas convenir à ton père pour en faire ton mari. — Papa
m'aime et fera toujours ce que je voudrai. »

» Camille se contenta pour cette fois de recommander à
son amie d'être très-circonspecte avec l'aide de-camp, et lui
conseilla de se tenir en garde contre un attachement préma-
turé, qui pourrait lui causer du chagrin, et donner des
regrets à son père. Aglaé avait d'abord été choquée des vérités
qui lui paraissaient un peu dures, et que Camille lui avait

dites. Cependant lorsqu'elle fut plus de sang froid, elle réfléchit, avec plus d'impartialité, que son amie n'avait aucun
intérêt dans les sages représentations qu'elle lui avait faites ;
ainsi qu'elle devait croire à leur franchise. Cela lui donna
l'idée d'observer plus attentivement la conduite d'Armand ;
elle crut remarquer que chaque fois qu'il lui adressait un
compliment flatteur, un léger sourire d'ironie se faisait
apercevoir sur ses lèvres, et cette remarque, dont elle fit part
à Camille, la tint encore plus en garde contre les beaux discours d'Armand.

» Le général avait envoyé chercher sa fille pour dîner avec
lui, lorsqu'elle accourut près de lui pour l'embrasser ; comme
il était très-occupé à terminer son courrier, elle fut attendre
dans le jardin l'instant où il serait plus libre pour recevoir
ses caresses et causer avec elle.

» Des bosquets charmants ornés de bancs et de statues invitaient à la promenade et au repos, au détour d'une allée,
Aglaé crut entendre prononcer son nom, et s'arrêta subitement pour saisir quelque chose d'une conversation qui pouvait l'intéresser. L'une des deux voix, qu'elle reconnut être
celle d'Armand, disait avec chaleur à son interlocuteur : « Me
crois-tu assez fou, ou assez imbécile, pour aimer cette petite
évaporée d'Aglaé ? — Pourquoi vas-tu si souvent à la pension ?
— Parce que ce serait une très-bonne affaire pour moi, si je
la déterminais à faire quelque sottise. Son père est riche ;
elle est fille unique, et, ma foi, mes dettes ne se trouveraient
pas mal de ce mariage. — Mais tu me dis que tu ne l'aimes
pas. — Aimer et épouser sont deux choses bien différentes,
mon cher. La première prouve ait que j'ai un goût détesta-
ble ; car avec ses petits yeux, ses narrines très ouvertes, sa
bouche fort grande, mademoiselle Aglaé, quoiqu'elle en croie,
est fort loin d'être passable ; mais cette petite péronnelle a
une vanité des plus robustes ; et lorsque je l'ai assurée l'autre
jour qu'elle avait une voix divine, en ayant toutes les peines
du monde à m'empêcher d'étouffer de rire, car elle chante

comme une grenouille qui coasse, elle m'a cru de la meilleure foi du monde. — Tu es un bien mauvais sujet, Armand. — Pourquoi donc, mon cher? Je rends la petite si complètement heureuse en lui débitant tous mes mensonges, qu'il y aurait cruauté à l'en priver. — Je suis sûr que tu lui répètes que tu l'aimes? — Ah! cela, c'est le plus gros de mes mensonges; mais peux-tu me le reprocher? Mon dessein est de l'épouser; c'est agir avec honneur, j'espère? — Oui, pour manger sa dot? — Non, puisqu'elle servira à payer une partie de mes dettes. — Et tu rendras ta femme malheureuse? — Fi donc! pour qui me prends-tu ? Afin de ne pas lui en faire courir les risques, je l'enverrai habiter une petite maison de campagne que son père ne manquera pas d'ajouter à la dot, et là, comme un nouvel Orphée, sa douce voix charmera les poulets et les dindons, qui peupleront sa basse-cour   car tu penses bien que je ne manquerai pas de prétextes pour ne jamais être auprès de mon adorable. »

« Si Aglaé n'eût écouté que sa fureur, elle serait venue à l'instant arracher les yeux de celui que parlait d'elle d'une manière si méprisante; mais l'humiliation d'avouer qu'elle avait écouté leur conversation la retint ; elle se retira par une allée du jardin, non sans donner un libre cours aux larmes que le dépit lui faisait répandre. Lorsqu'elle rentra auprès de son père, le général s'étant aperçu qu'elle avait les yeux rouges, lui en demanda tendrement la cause. Aglaé prétendit qu'elle avait eu un coup d'air la veille en restant trop tard au jardin, et Armand qui arriva sur l'entrefaite, fit un long discours sur les inconvénients du serein, et indiqua plusieurs remèdes pour rendre aux yeux de la charmante Aglaé tout leur éclat. Mais, pour cette fois, la petite Péronnelle ne se laissa pas séduire par les perfides expressions de la fausseté, et elle remercia si froidement l'aide-de-camp, qu'il en fut tout déconcerté.

» Aglaé revint à sa pension aussitôt que le dîner fut terminé , malgré la proposition de son père de la conduire au

spectacle; elle n'eut rien de plus pressé, en arrivant que
de confier à sa chère Camille la découverte qu'elle avait fa te,
et de reconnaître que sa prévoyante franchise avait deviné
tout ce que sa sotte vanité avait méconnu. Camille fut sat s-
faite de ce que ses conseils avaient pu être de quelque utilité
à son amie. Elle l'engagea à ne plus recevoir Armand, qui
fut bien étonné, lorsqu'il se présenta à la pension, de ce
qu'on lui répondait chaque fois que mademoiselle Aglaé était
malade et ne voulait pas le recevoir. Ne sachant a quoi attribuer cette nouvelle conduite, la vanité de l'aide-de-camp se
rebuta d'être toujours éconduit, et il renonça à des visites
dont il vit bien que le but était manqué.

» Aglaé, ayant reconnu que c'était à la franchise de son
amie qu'elle devait le bonheur d'avoir évité le piége qu'on lui
avait tendu, redoubla d'attachement pour elle; et s'étant
mariée peu de temps après avec un homme qui n'avait pas
la manière de penser d'Armand, elle décida Camille à se
fixer près d'elle, et à vouloir bien l'aider par ses conseils à
jouir d'un bonheur qu'elle appréciait d'autant plus qu'elle
réfléchissait souvent combien peu il s'en était fallu qu'elle
n'eût été dupe de la vanité et des mauvais desseins d'un jeune
fat, qui ne l'aurait épousée que pour la rendre très-malheureuse.

Clément applaudit à la franchise de Camille, et après avoir
fait quelques réflexions sur ce que madame de Melleville
venait de raconter, chacun demeura d'accord qu'en contractant une liaison d'amitié, on ferait en sorte de s'assurer
qu'elle serait cimentée par la franchise.

ONZIÈME LEÇON

DES PRÉTENTIONS

Madame de Melleville avait été dans la journée faire quelques visites à Genève; elle avait mené avec elle sa fille Gabrielle, à qui échut dans la soirée le droit de diriger l'entretien. « Maman, dit-elle, j'ai remarqué pendant que nous étions chez madame de La Corbière, qu'on a parlé d'une manière satirique de quelqu'un qui avait beaucoup de prétentions. Je n'ai pas bien compris ce qu'on entendait par ce mot, et vous me ferez bien plaisir de me l'apprendre ; car je serais fâchée de mériter que l'on fît sur mon compte toutes les mauvaises plaisanteries qui ont été faites sur la dame à prétentions.

» Mon enfant, répondit madame de Melleville, c'est un des défauts qui font le plus d'ennemis dans la société, et pour cela il y a deux raisons : la première c'est que les prétentions cherchent presque toujours à humilier les autres; la seconde, c'est qu'il est très-rare de pouvoir les soutenir.

» On appelle avoir des prétentions, la manie de se croire une supériorité très-marquée sur les individus qui composent la société, soit relativement aux charmes de la figure, aux agréments de l'esprit, ou aux qualités du cœur. En

général les personnes qui ont des prétentions sont égoïstes,
car elles veulent qu'on s'occupe d'elles exclusivement. Elles
sont, en outre, presque toujours ridicules, parce que l'appareil et l'importance qu'elles mettent aux choses les plus
simples, les rendent de véritables caricatures. Les personnes
vraiment instruites ont rarement des prétentions; parce que
celui qui sait quelque chose, et qui veut approfondir la
science, voit que la durée ordinaire de la vie ne suffirait pas
pour apprendre tout ce qu'il y a à savoir, et qu'il est impossible, par conséquent, de ne pas ignorer une infinité de choses. C'est donc agir contre les lumières du bon sens que de
s'enorgueillir si l'on possède quelque peu d'instruction, puisqu'il en reste encore tant à acquérir pour être véritablement
savant. Un des égards les plus délicats que l'on doit remplir
dans la société, c'est de ne pas faire sentir aux autres leur
infériorité; et, dans le fait, le mérite n'est réel que quand
il porte le cachet de la modestie; la supériorité disparait dès
qu'on veut la mettre en évidence. Les véritables savants por-
tent toujours la complaisance envers les ignorants, au point
de se mettre à leur portée par les définitions les plus simples;
ils ne refusent jamais les explications qu'on leur demande.
Mais si les prétentions sont fatigantes dans la société, c'est
surtout les femmes qu'elles rendent complètement ridicules
lorsqu'elles se livrent à ce défaut. Autant l'instruction,
sagement dirigée, offre des ressources contre l'ennui et
d'agrément dans la société intime, autant l'étalage de l'érudition, qui dégénère toujours en pédantisme dans la bouche
d'une femme, l'expose à être un objet de dérision; car une
étude trop approfondie des sciences ne pourrait que nuire à
la pratique des devoirs qui leur sont prescrits par la nature
et la raison. La destination générale des femmes étant de
devenir épouses et mères, la science qu'elles doivent étudier
avec le plus d'application, ce sont les devoirs de ces deux
états : ce sera déjà un grand pas de fait lorsqu'elles en con-
naîtront toute l'étendue. Je crois qu'on pourrait borner l'ins-

truction des femmes à cette maxime : *ne pas ignorer.* En effet
l'éducation, quelque bonne, quelque soignée qu'elle puisse
être, ne peut que faire effleurer aux femmes les différents
objets d'instruction. Il n'est qu'un petit nombre d'individus
qui, se trouvant isolés par circonstance, puissent consacrer
leur temps à l'étude approfondie d'une science quelconque.
La jeune personne qui aurait à la fois un maître de langue,
d'histoire, de géographie, de musique, d'écriture et de cal-
cul, pourrait-elle se mettre en état d'écrire l'histoire, de
parcourir le monde, de dresser un plan de campagne, de
faire un traité de grammaire, et de trouver comme Archi-
mède des problèmes et leurs solutions? On ne peut et on ne
doit raisonnablement espérer, en se livrant à ces études, que
de pouvoir classer dans sa mémoire les principaux événements, afin de n'être étranger à aucun récit, ou à aucun
tableau qui représente un sujet intéressant; de ne point faire
de fautes essentielles lorsqu'on parle ou qu'on écrit; de ne
pas faire rire à ses dépens, en commettant de ces erreurs
grossières qui décèlent une parfaite ignorance, en prenant
un pays pour un autre, ou une mer pour un pont; et de
savoir calculer assez juste, pour qu'il n'y ait jamais d'erreurs
dans les comptes de sa maison. Lorsque les femmes veulent
franchir ces bornes, elles se jettent hors de leur sphère. La
femme qui a la prétention de s'occuper exclusivement des
sciences remplace sans doute les objets qui manquent à son
bonheur; elle n'est plus ni épouse, ni mère, et il faut un
aliment à son imagination. Alors ses goûts, ses études, ses
travaux sont respectables; mais c'est le bien petit nombre qui
peut former cette classe. Et comment pourrait-on mettre de
la vanité à connaître les choses les plus simples ? Les jeunes
personnes qui n'ont pas reçu une éducation assez soignée
pour avoir acquis ces connaissances préliminaires qui pré-
servent de l'ignorance, sont à plaindre sans doute, mais
elles ne sont pas méprisables, car il n'y a que les vices
qui doivent inspirer le mépris; et loin de les humilier par

des railleries piquantes, les personnes qui ont des prétentions seraient plus généreuses de chercher à leur communiquer les faibles lumières qu'elles possèdent elles-mêmes ; ce
serait une manière d'agir louable et digne d'un bon cœur.
Une conduite différente aigrit, heurte l'amour-propre, et
fait souvent une ennemie d'une compagne dont on aurait
obtenu l'amitié et la reconnaissance par des procédés plus
généreux. La femme qui n'a pas de prétentions porte dans la
société le désir d'y répandre de l'agrément ; elle y est ordinairement chérie et recherchée, parce qu'elle fait des frais
dont on lui sait gré et qui n'ont pas le but d'humilier personne. Celle, au contraire, qui compte d'avance sur les suf-
frages qu'elle prétend envahir, qui calcule avec vanité comment elle pourra abaisser le mérite de telle personne, afin
de mieux faire briller le sien, ne recueillera de ses prétentions que du ridicule ; et peut-être de la haine. On aime à
chercher l'endroit faible de ceux qui se vantent d'être bien
cuirassés, et il est quelquefois bien facile de les mettre en
défaut : une plaisanterie faite à propos, une question bien
simple, mais étrangère à ce qui les occupe, suffit pour désor-
ganiser leurs idées, et les livre sans défense à la raillerie.
C'est donc s'épargner bien des mortifications pénibles que
d'éviter un défaut qui n'est que ridicule, il est vrai, mais
qui laisse souvent des impressions assez profondes pour nuire
réellement. Il vaut beaucoup mieux travailler à se faire aimer
et estimer, que de chercher à étonner.

» Sous le règne de Louis XIV, il y eut une femme appelée
madame Dacier, qui fit beaucoup de bruit par son érudition ;
elle savait le grec, et a beaucoup écrit sur Homère. Depuis,
un nombre de savants se réunirent pour travailler à un
ouvrage extrêmement important, puisqu'il devait embrasser
toutes les sciences et tous les arts, et par cette raison on l'appelle l'*Encyclopédie*, c'est-à-dire universel. Cet ouvrage fit
une grande sensation. Une demoiselle qui avait des prétentions au savoir, imagina que rien ne serait plus propre à les

6.

faire valoir que de dire qu'elle avait lu les dix-sept volumes
in-folio de l'Encyclopédie qui avaient déjà paru ; de sorte que
toutes les fois que l'occasion s'en présentait , et même lorsqu'elle ne se présentait pas , elle la faisait naître , et ne
manquait jamais d'ajouter : « Oui , j'ai vu cela dans un volume de l'Encyclopédie. » La pauvre demoiselle Muteau
croyait que sa réputation ne pouvait être mieux établie que
sur cette base , et que Paris ne manquerait pas d'être enchanté de posséder une savante de son mérite. Cependant ce
ridicule lui faisait dire tant de sottises , que plusieurs jeunes
gens qui auraient aspiré à sa main furent effrayés de son
mérite encyclopédique, et se retirèrent inhumainement du
cercle de ses admirateurs : ce qui fit penser à mademoiselle
Muteau que le goût de l'érudition était banni de la capitale.
Une aventure comique, qui la rendit un objet de dérision
pour toutes les sociétés , acheva de lui faire perdre le peu de
cervelle qu'elle possédait encore.

» A l'époque du carnaval, quelqu'un qui connaissait bien
les prétentions de mademoiselle Muteau, et qui voulait lui
donner une leçon , se masqua en in-folio. Après avoir fait
plusieurs fois le tour du bal de l'Opéra, la singularité de son
déguisement attira près de lui une foule de curieux qui auraient voulu le deviner. Il alla se placer devant mademoiselle
Muteau, qui, ayant un amour décidé pour les in-folio, faisait de celui-là l'objet de son admiration ; et d'une voix de
stentor le masque se mit à crier : « Dix-huitième volume de
l'Encyclopédie, à l'usage de celles qui ont lu les dix-sept
autres. »

» Cette annonce, répétée cinq ou six fois avec affectation,
ne laissa aucun doute aux personnes de la société de mademoiselle Muteau sur l'intention de cette mascarade ; des ris
immodérés accrurent l'embarras de la pauvre savante, et la
déconcertèrent à un tel point que, pour sauver le ridicule et
exciter l'intérêt, elle s'évanouit. Mais ce parti, quelque bien
combiné qu'il fût, manqua directement son but, car la foule

attirée par le spectacle d'une femme évanouie, à qui l'on donnait des secours, fut bientôt instruite de la cause de cet accident.

» Le lendemain, l'aventure courait tout Paris; et les faiseurs de vaudevilles ne laissèrent pas échapper une aussi belle occasion d'exercer leur malice. Malheureusement mademoiselle Muteau avait une taille gigantesque, qui la rendait très-remarquable; de sorte que dans les promenades, au spectacle, etc., elle avait la douleur d'entendre chuchotter à ses oreilles : « Voilà l'édition complète de l'Encyclopédie. »

» Son amour-propre en fut tellement humilié, que sa raison s'aliéna, et qu'elle alla grossir à Charenton le nombre des fous incurables.

» Dans sa folie, elle conservait toujours ses premières idées, s'évertuait à vouloir faire imprimer tout ce qui lui passait par la tête; enfin elle devint si complètement folle, qu'on fut obligé de l'enfermer dans une petite loge grillée. Lorsqu'on passait devant son triste réduit pour aller voir d'autres infortunés elle ne manquait jamais de dire : « Eh bien, que dit-on de l'Encyclopédie? et quand pourrai-je en lire le dix-huitième volume? »

» Ainsi un défaut qui n'était que ridicule devint pour cette malheureuse personne la source des effets les plus déplorables; et si l'on ne doit pas craindre un pareil malheur, il est toujours bien de conclure de cette anecdote qu'il faut éviter une faiblesse dont les suites peuvent rendre si ridicule.

» Il me semble, maman, que c'était bien cruel de se moquer si impitoyablement de cette pauvre demoiselle, dit Séraphine; et sûrement celui qui a fait cette mauvaise plaisanterie n'avait pas un bon cœur. — Il y a peu de gens, ma bonne amie, qui poussent la bonté jusqu'à calculer les effets que peuvent avoir les plaisanteries qu'ils se permettent; l'auteur de la mascarade ne voulait probablement que corriger mademoiselle Muteau; et il la rendit folle. — Il y avait toujours bien peu de charité à la mettre en évidence d'une manière si

désavantageuse, et, s'il avait eu véritablement de bonnes
intentions, il aurait bien mieux fait de l'avertir du tort
qu'elle se faisait, que d'appeler ainsi tout le monde pour que
l'on se moquât d'elle. — Ta réflexion fait honneur à ton cœur,
ma bonne amie; mais si tu savais combien il est rare de
rencontrer dans le monde cette bienveillance que la bonté
seule inspire, tu t'étonnerais moins de ce que la malignité
aime à tirer parti des ridicules. — Oh! bien, je ne veux
jamais penser de cette manière, et cela me rendrait malheureuse, si je croyais avoir fait de la peine pour le plaisir seulement de faire une plaisanterie. — Conserve toujours ce prin-
cipe, chère petite, et sois sûre qu'il te fera aimer de tout le
monde. Car, si la science alimente les jouissances de l'orgueil, un bon cœur, en contribuant au bonheur de tous,
devient le trésor de celui qui le possède. La faiblesse humaine,
qui aime à s'épargner la honte de ne pas avoir les qualités
qui font le bonheur des autres, dit quelquefois que la nature
seule donne un bon cœur; mais si cela était, quel mérite
aurait-on à le posséder? Pas plus qu'à être beau, grand ou
fort. Sans doute les soins de la première éducation contribuent à développer cette qualité précieuse : ainsi elle est
acquise. Car s'il est prouvé qu'il y a des vices qui tiennent à
l'organisation physique, nous savons aussi qu'il n'y a aucun
de ces vices qui ne puisse céder aux efforts réunis de la raison
et de l'éducation. Il en est de même des vertus; nous pou-
vons les acquérir par une volonté bien déterminée. Un auteur
anglais a dit : « Nous n'apparaissons qu'un instant sur la
terre, et, pendant cet instant, un bon cœur nous est plus
nécessaire qu'un grand savoir. »

« Mais, dit Achille, j'entends dire souvent qu'un bon cœur
fait excuser une mauvaise tête; est-ce donc vrai, maman?
— Je crois, mon ami, que ta question est un peu intéressée;
mais il ne faut pas cependant prendre le proverbe à la lettre.
Il est seulement vrai qu'un bon cœur atténue les fautes
qu'une mauvaise tête peut faire commettre par promptitude.

Il faut bien prendre garde aussi de comprendre sous a même dénomination les êtres irréfléchis qui font le bien par caprice ; car si l'on analysait leur conduite, on trouverait peut-être que la base de leurs prétendues bonnes actions est la vanité, et qu'ils n'en feraient aucune, s'ils étaient sûrs qu'elles n'eussent aucune publicité. Un bon cœur ne cherche point la célébrité : obliger est le besoin continuel qu'il éprouve, et, pour le satisfaire ; il n'a pas besoin de témoin ; il ne lui faut que la satisfaction intérieure dont il jouit. Un bon cœur ne se borne pas aux actes de complaisance, il influe sur toutes les actions de la vie ; commande la bonté envers les inférieurs, une complaisante indulgence envers les égaux, et un respect sans bassesse à l'égard des supérieurs ; il ne suppose jamais aux autres l'intention d'offenser ; enfin il fait les bonnes mères de famille, les tendres époux, et les amis sûrs. En faisant l'énumération de tant d'avantages, c'est sans doute inspirer le désir de posséder la qualité qui les procure.

» Mais il me semble, mes enfants, que nous avons parlé bien longtemps morale aujourd'hui ; j'ai remarqué avec plaisir qu'aucun de vous n'a donné de signe d'ennui ; je vous en récompenserai demain en vous disant deux histoires au lieu d'une, et je suis bien contente de l'attention que vous apportez à m'écouter ; c'est une preuve que vous prenez intérêt à ce qui peut vous rendre meilleurs, et que j'ai l'avantage de me faire comprendre. Rappelez-vous toujours non-seulement la permission, mais l'invitation que je vous ai faite de me communiquer toutes vos observations et vos doutes sur ce que je pourrais vous dire. »

DOUZIÈME LEÇON

DE L'INDISCRÉTION

Achille fut encore le maître du sujet que sa maman devait traiter, et lui demanda à quel caractère on pouvait reconnaître un défaut dont il entendait souvent parler, l'indiscrétion. « Je suis bien aise, mon ami, qu'il te soit venu à l'idée de me faire définir un tort qui a beaucoup plus d'importance qu'on ne lui en attribue généralement.

» Sans avoir les intentions de la méchanceté, l'indiscrétion amène souvent des résultats aussi déplorables, et l'indiscret est quelquefois, sans s'en douter, le destructeur du bonheur des autres. Ce défaut a deux causes principales : l'oisiveté et l'irréflexion. L'oisiveté, parce que c'est souvent le vide de l'imagination qui engage à s'occuper des autres. L'irréflexion, parce qu'en ne se donnant pas la peine de penser ou de prévoir les suites de ce qu'on va dire, on court le risque que ces suites soient dangereuses. L'indiscrétion n'est pas seulement le crime de trahir une chose confiée, mais de dire les actions que l'on connaît et qui peuvent faire tort à ceux qui les ont commises. Souvent on ignore les motifs qu'avaient les autres pour agir comme ils l'ont fait, et le motif légitime est ce qui nous paraît coupable.

C'est donc un grand défaut que de rappeler dans la conversation des particularités que la malignité peut interpréter
désavantageusement, et qui, par conséquent, peuvent être
nuisibles. Souvent des ménages ont été désunis par suite
d'une indiscrétion ; et dans la société, que de petites haines,
de vengeances méditées, de mauvais offices rendus, qui
n'ont eu pour cause que l'indiscrétion !

» Il y a encore des indiscrétions d'un autre genre, qui
sont moins dangereuses, mais qui sont désagréables. La personne assez gauche pour rappeler à quelqu'un un événement
qui lui a fait de la peine commet une indiscrétion. Celui qui
choque l'amour-propre en parlant d'une infirmité qu'on voudrait cacher, ou en faisant une comparaison peu avantageuse, commet encore une indiscrétion ; mais le tact que
donne toujours l'usage du monde et des convenances suffit
pour faire éviter ce genre. Il y a encore un troisième genre
d'indiscrétion, c'est celui d'avoir des prétentions exagérées
et hors du but que prescrit la raison ; soit en faisant une
demande, soit en hasardant une question hors de propos,
soit en sollicitant une place. Par exemple, il serait indiscret
à celui qui solliciterait un bienfait, de prescrire des bornes
à la volonté du bienfaiteur ; si l'on demandait à quelqu'un
son âge, ou quel est son revenu, ou enfin tout ce qu'il n'a
pas l'intention de dire, on commettrait une indiscrétion.
Celui qui, à la cour ou dans les bureaux, solliciterait une
place de ministre, tandis que ses talents ne le mettraient à
même que d'espérer une place de commis, serait regardé
comme un fou indiscret. Mais au moins ce genre d'indiscrétion ne compromet que la personne qui s'en rend coupable ; au lieu que celui qui peut nuire à la réputation d'au
trui est mille fois plus condamnable.

» Refuser avec fermeté de divulguer le secret dont on est
dépositaire est un devoir que l'honneur et la probité impo-
sent également et qui fait la sûreté de la société. Non-seule-

6..

ment c'est une faute, mais dans certaines occasions ce peut être un crime de violer ce devoir.

» Le bavardage est presque toujours la source de l'indiscrétion et des méchancetés de société. Cette envie de parler inconsidérément ôte aux femmes les grâces qu'elles ont naturellement ; et s'il était possible qu'une personne spirituelle eût ce défaut, on la regarderait comme un être aussi dangereux qu'importun. Trop d'exemples prouvent malheureusement tous les dangers que peut avoir l'indiscrétion, pour ne pas éviter, en s'y livrant, de contribuer au malheur des autres ; car il ne suffit pas de dire après l'événement : je ne savais pas... je ne pouvais prévoir... Lorsqu'il s'agit de la réputation de son prochain, on doit tout prévoir, et cette mauvaise excuse ne sera jamais admise parmi les gens sensés.

« Maria Duménil avait une mère bonne à l'excès, qui poussait son attachement pour sa fille jusqu'à l'idolâtrie, et l'indulgence qu'elle avait pour ses défauts jusqu'à la faiblesse. Les bavardages de cet enfant étaient regardés comme des saillies charmantes qui annonçaient beaucoup d'esprit. Cette admiration continuelle, qui s'exhalait pour les choses les plus puériles, fit contracter à Maria l'habitude de parler à tort et à travers de tout ce qu'elle voyait et entendait, avec un ton décisif, et sans y apporter aucune réflexion. Quand elle n'avait rien vu, son imagination, toujours très-active et qui était avide de louanges, créait, inventait avec une rare facilité des histoires qu'on trouvait charmantes, parce qu'elles étaient débitées avec un ton de vérité qui leur donnait du crédit. Plus d'une fois les domestiques avaient été renvoyés pour des histoires de cette espèce. Dans la société même de madame Duménil, on se défiait de Maria, parce qu'elle avait brouillé différentes personnes par ses indiscrétions ; mais on regardait ce défaut comme tenant à l'inexpérience de son âge, et l'on supposait que la raison la corrigerait. Malheureusement le trop d'indulgence dont on usa à son égard ne fit que lui donnér plus d'extension ; et lorsqu'elle fut grande, comme on attachait plus d'importance à ce qui sortait de sa bouche, les suites de ses indiscrétions devinrent terribles.

« Elle avait quinze ans, lorsque, se trouvant dans une société où la conversation languissait un peu, elle essaya de la ranimer. La gaieté et la fertilité de son imagination n'étant jamais en défaut, elle raconta sur-le-champ, avec une originalité faite pour égayer et persuader en même temps, un fait dont elle disait avoir été témoin dans le moment. Il s'agissait d'une promenade clandestine qu'elle avait vue. Les personnages qu'elle ne nommait pas étaient dépeints avec tant de vérité, qu'un mari jaloux, qui écoutait ce récit attentivement, crut y reconnaître sa femme. Il sort avec promptitude, rentre chez lui et demande son épouse ; les domestiques lui disent qu'elle est allée se promener avec M. de Saint-Aubin, ami intime de la maison. Il voit dans ce rapport de circonstances la confirmation de ses soupçons. Son imagination malade lui retrace sous des couleurs alarmantes les attentions que Saint-Aubin a pour sa femme, l'assiduité avec laquelle il vient chez lui ; son injustice va jusqu'à faire un crime à son ami des soins qu'il lui a prodigués pendant une maladie longue et douloureuse dont il sortait à peine. Machinalement il prend ses pistolets ; chaque réflexion dictée par la jalousie lui fait mettre une balle de plus dans l'instrument meurtrier. Il sort et dirige ses pas du côté où sa femme avait été se promener. Malheureusement la narration qu'avait faite Maria, avait de l'analogie avec presque toutes les circonstances de cette fatale promenade · circonstances qui auraient paru toutes simples à un esprit moins prévenu. Il atteint le lieu indiqué, et voit les prétendus coupables rire et causer avec la sécurité de l'innocence. Saint-Aubin ayant aperçu de loin son ami, par un badinage que la gaieté lui inspire, court se cacher dans un massif de charmille ; le jaloux, qui ne perd aucun de ses mouvements, sent sa fureur s'accroître et sa conviction s'affermir. Il court, et, se précipitant sur l'infortuné Saint-Aubin, lui tire un coup de pistolet à bout portant. Le malheureux lui tend encore les bras en lui disant : « Mon ami, que t'ai-je fait? » Ces mots désarment le furieux : en voyant le sang sortir à gros bouillons de la blessure qu'il vient de faire, son ressentiment s'apaise : il le croit même injuste. Mais comment peindre les sensations de sa malheureuse épouse? Elle accourt au bruit du coup de pistolet, et n'arrive que pour se convaincre que son mari est un assassin. Ses yeux osent à peine l'interroger; un frisson universel la saisit; elle tombe évanouie à côté de la victime que son époux vient d'immoler. Cependant Saint-Aubin ouvre les yeux, le désespoir de son ami le touche et le console. Il lui demande avec cet accent de vérité que l'imposture ne saurait contrefaire, quelle a pu être la cause de son égarement. Le jaloux s'excuse et veut se réunir à ses victimes en s'arrachant la vie. Saint-Aubin le conjure de ne pas se livrer à une violence coupable, qui ne ferait qu'aggraver ses torts sans les réparer. Des témoins éloignés de cette scène tragique se rapprochent; on entoure le blessé, qui a la générosité de déclarer qu'en essayant des pistolets, il s'est blessé lui-même. On lui procure des secours qui ne sont pas inutiles, et les deux amis sont ramenés avec la dame dans un état presque également dangereux. Cependant les secours de l'art furent assez prompts pour rappeler à la vie le généreux Saint-Aubin. Une explication franche et calme démontra au mari combien sa jalousie était insensée, et il reconnut, en les déplorant, dans quels écarts elle pouvait l'entraîner. Convaincu de l'innocence de sa femme et de celle de son ami, il abjura pour toujours une passion qui pouvait avoir des effets si funestes; mais il conserva toute sa vie du ressentiment contre Maria, de ce qu'elle avait été la seule cause d'un événement si malheureux. »

« En effet, dit Gabrielle, si pareille chose m'était arrivée, je ne m'en serais jamais consolée; car il doit être bien affreux de pouvoir s'accuser d'avoir causé la mort de quel-

qu'un. — C'est pourquoi on doit apporter une grande attention à éviter tout ce qui peut être nuisible; car on est
sûr, non-seulement d'éprouver des regrets, mais encore des
remords.

— Maman, ajouta Clément d'un ton caressant, je me sou-
viens parfaitement que vous nous aviez dit hier que nous
pouvions espérer aujourd'hui deux histoires pour une; vous
rappelez vous cette promesse, chère petite maman ? — Oui,
mon ami, et puisque nous traitons aujourd'hui un sujet si
fécond, je vais vous raconter encore un événement bien malheureux, dû à l'indiscrétion.

« M. de Rostanges, domicilié à Nîmes, jouissait de tout ce
qui peut répandre l'agrément sur la vie : une épouse aimable et chérie, une fortune brillante, une considération justement acquise : que de moyens pour jouir d'une carrière heureuse! Cependant, comme il n'est point de si beau tableau
qui n'ait quelques ombres, M. de Rostanges avait à regretter
de n'avoir point d'enfants, et pouvait reprocher à sa femme
une susceptibilité si délicate, que non-seulement elle s'alar-
mait des moindres politesses qu'il faisait à d'autres femmes,
mais que cette défiance continuelle, qui était le seul défaut
qu'on ait à lui reprocher, l'entraînait à des suppositions
aussi injustes qu'injurieuses, et troublaient la bonne harmonie qui régnait ordinairement entre les deux époux.

» Par une suite de son excellent caractère, comme M. de
Rostanges avait beaucoup d'estime et d'amitié pour sa
femme, il supportait ses défauts avec une indulgente bienveillance; et si quelquefois sa patience avait peine à se contenir dans les bornes de la modération, lorsqu'il était tour-
menté par quelque incartade, il avait soin de reporter sa
pensée sur le sentiment qui en était la cause, et l'attribuant
à un cœur aimant, dont le plus grand tort était de ne pas
compter assez sur ses moyens de fixer, il soupirait et par-
donnait à sa femme. Un des grands motifs de madame de
Rostanges pour craindre de ne pas posséder toute l'affection

de son mari, c'était sa stérilité. M. de Rostanges aimait passionnément les enfants, et la privation de n'en point avoir lui rendait son opulence indifférente ; mais, pour ne pas affliger sa femme, et par suite de son extrême délicatesse, il s'était interdit tout ce qui pouvait manifester le désir qu'il avait d'avoir des héritiers. Voulant se dédommager secrètement de sa privation, il résolut de répandre ses bienfaits sur une orpheline de trois ans, que la mort prématurée de ses parents avait livrés à la pitié publique. M. de Rostanges confia la petite Pauline à un de ses amis intimes, en lui recommandant le secret le plus profond. On entoura cette enfant des douceurs de l'aisance, en attendant que son âge permît de donner à son éducation tous les soins que son bienfaiteur voulait lui prodiguer. Il acheta une petite maison bien modeste, à une lieue de Nîmes, et Pauline, placée sous la direction d'une personne sûre et intelligente, ne manqua ni de soins ni de caresses : l'ami de M. de Rostanges veillait aux détails journaliers de cet intéressant ménage, dont le protecteur accourait à la maisonnette prodiguer à sa fille adoptive les joujoux et les baisers, lorsqu'il pouvait se soustraire à l'œil inquisiteur de sa femme. Cette innocente jouissance était couverte du voile mystérieux de la discrétion depuis six mois. La prudence avait su tellement éloigner le soupçon, que madame de Rostanges n'en avait conçu aucun sur ce qui se passait ; malheureusement, ayant eu l'envie de se promener, elle dirigea ses pas du côté de la petite maison ; elle aperçut à peu de distance les deux amis enveloppés dans de vastes manteaux, et paraissant désirer de n'être vus de personne. Aussi madame de Rostanges se monte la tête ; elle croit voir dans cette démarche mystérieuse une preuve complète de la plus noire infidélité. Cependant, commandant à sa fureur et usant de dissimulation, elle évita la rencontre de son mari, poursuivit sa promenade avec l'intention de fouiller scrupuleusement tous les environs de Nîmes, afin de découvrir l'objet coupable qui pouvait lui enle-

ver le cœur de son époux. Elle avait cru remarquer la petite
maison, comme l'endroit où M. de Rostanges s'était dirigé ;
elle y fut le lendemain, frappa avec emportement ; mais
comme la domestique avait les ordres les plus précis pour
ne répondre qu'à un signal convenu, les coups de marteau
se perdirent dans le vague des airs et fatiguèrent en vain les
échos. Comme les volets étaient fermés et qu'aucune apparence de mouvement n'avait lieu, malgré sa prévention, madame de Rostanges conclut que la maison n'était pas habitée ;
en vain elle fit d'autres perquisitions, toutes furent inutiles.
Elle revint chez elle la rage dans le cœur : son mari ne se
méprit point à son premier accueil, quoiqu'elle se contrai-
gnît assez pour vouloir le rendre aussi tendre qu'à l'ordinaire. Il prévit qu'un orage se formait dans le cerveau malade de sa femme, il la plaignit et se disposa à supporter pa-
tiemment l'explosion. Ses mesures étaient si bien prises
pour lui dérober la connaissance de son secret, qu'il ne s'arrêta nullement sur le véritable motif du chagrin de madame
de Rostanges. Seulement, dans la crainte d'être surveillé par
elle encore plus qu'à l'ordinaire, il se priva pendant quelques
jours du plaisir d'aller voir Pauline, et se condamna philoso-
phiquement à supporter le tête-à-tête de son épouse. Mais,
lorsqu'on est naturellement franc et que l'on veut se con-
traindre, il est presque impossible de ne pas laisser échapper quelques signes d'impatience qui sont recueillis avidement par les gens soupçonneux, habitués plus que tout autre
à pénétrer ce genre de dissimulation. Madame de Rostanges
dressa ses batteries d'après ses idées, et compta beaucoup
sur l'ami de son mari pour connaître le secret qu'il lui im-
portait de savoir. Cet ami avait un caractère faible . elle
chercha à l'enchaîner par mille petites attentions qui ne lui
étaient pas habituelles, et mettant beaucoup d'adresse dans
le piége qu'elle tendait à l'indiscrétion, elle fit si bien qu'elle
vint à bout de connaître le mystère que l'imprudent ami eut
l'indiscrétion de lui révéler. En vain essaya-t-il de convaincre

madame de Rostanges que cette mystérieuse bienfaisance n'avait pour base que la pitié ; l'épouse soupçonneuse s'obstina à ne voir dans l'objet de tant de soins, que la suite d'une odieuse trahison. Congédiant avec emportement celui dont l'indiscrétion avait allumé son courroux, elle se lève éperdue, court à son bureau écrire à son mari la lettre la plus foudroyante ; et portant cette lettre dans la chambre de M. de Rostanges, qui était sorti, elle dépose sur la cheminée ce monument de désespoir, et en même temps de tendresse. Sa main se porte machinalement sur un pistolet qu'elle aperçoit, elle en appuie le canon sur son cœur, comme si elle eût voulu se punir d'aimer encore un infidèle ; la détente part, et l'épouse infortunée a déjà grossi le nombre des victimes qu'un aveugle soupçon a portées à s'immoler. L'ami, redoutant les suites de l'indiscrétion qu'il avait commise, revenait auprès de madame de Rostanges, afin de tenter un dernier effort sur son esprit et la persuader de la vérité de son récit. Il remontait près d'elle avec M. de Rostanges qu'il avait rencontré. Quel funeste spectacle vient frapper leurs regards surpris ! Une femme baignée dans son sang, dont les derniers regards se tournent avec amour et reproche vers celui qu'elle accuse de lui avoir ravi sa tendresse.

« En lisant la lettre qui était à son adresse, M. de Rostanges fut au fait de la véritable cause de la fin tragique de sa femme. Quoique la pureté de sa conscience le rassurât sur sa conduite, il se faisait les plus vifs reproches d'être l'auteur d'une si funeste catastrophe ; mais les remords de son ami furent encore bien plus vifs, parce qu'ils étaient mieux fondés, puisque, sans son indiscrétion, les soupçons de madame de Rostanges se seraient dissipés, et elle n'aurait pas sans doute attenté à sa vie. »

« Quelle horreur, dit Séraphine en se couvrant les yeux, comme si elle eût entrevu l'ombre de madame de Rostanges ; cette dame avait sans doute un grain de folie ? — Les passions qui ne raisonnent point conduisent véritablement à un état de démence. — Mais aussi ce monsieur était bien indigne de trahir son ami. — Voilà où peut conduire l'indiscrétion, et pourquoi je vous disais combien il était essentiel de l'éviter. »

———

TREIZIÈME LEÇON

DE L'INDULGENCE

Achille, que sa maman avait chargé de faire une commission, n'était pas encore revenu lorsque le petit cercle se forma pour la soirée accoutumée ; l'impatience des enfants avait peine à se soumettre à ce que leur disait madame de Melleville, pour les décider à attendre le retour de leur frère pour commencer un entretien auquel il apportait toujours beaucoup d'intérêt. Enfin il arriva et reçut des reproches de tout le comité, excepté de sa mère, qui ne voulait pas le condamner sans entendre ses raisons. Il raconta qu'il avait été retardé dans sa marche par la rencontre d'un jeune homme que l'on conduisait en prison et qu'il avait voulu voir. » C'est bien fait, ajouta-t-il d'un air animé, c'est un gredin, un mauvais sujet, et je suis bien aise qu'il ait trouvé ce qu'il a sans doute mérité. »

« Et de quoi était-il donc accusé? demanda madame de Melleville. — D'avoir volé : on lui avait donné l'hospitalité dans une maison où il a couché pendant trois jours, parce qu'il se disait malade ; et ce matin, après que monsieur s'en est allé, on s'est aperçu qu'il manquait deux couverts d'argent? — Et lorsqu'on l'a arrêté, les a-t-on retrouvés sur

lui? — Non, maman ; mais vous sentez bien que ce drôle n'a
pas manqué de les bien cacher. — Tu vas b'en vite en beso-
gne, mon cher ami ; prends garde d'être plus sévère que la loi.
Qui t'a dit que cet homme était coupable ? Mais maman, puisqu'il manque deux couverts ?... N'y a-t-il que lui qui soit entré
dans cette maison ? — Il a l'air si pauvre ! — Cette remarque
est barbare, car elle supposerait que la probité ne peut s'allier
qu'avec la richesse. — Si vous aviez vu comme il avait l'air
humilié ! — Et quel est l'honnête homme qui ne le serait pas
en entendant une pareille inculpation ? — Oh ! c'est bien lui,
maman, je vous assure. — Prends bien garde, mon ami, de
tomber dans l'erreur la plus déplorable, et en même temps
la plus dangereuse. Juger les autres défavorablement, lorsqu'on n'a pas une certitude morale, qu'on n'a eu aucun moyen
d'approfondir et de se convaincre si l'inculpation qu'on leur
fait est fondée, est non-seulement une preuve d'étourderie,
mais encore de mauvais cœur. — Mais, maman, à vous entendre, il ne faudrait donc jamais croire le mal ? — Au moins
faut-il y ajouter foi le plus tard possible, et seulement lorsqu'il
est bien prouvé. N'est-il donc pas bien pénible, pour un bon
cœur, de rencontrer des actions dignes de blâme ? et nous-
mêmes n'avons-nous pas souvent besoin de l'indulgence et de
l'équité ? Je suis si fâchée, mon cher Achille, de te voir une
tendance prononcée à juger impitoyablement un malheureux
que tu ne connais que sur une accusation vague, et peut-être
bien injuste, que je m'arrogerais le droit de vous parler ce
soir de l'indulgence et de son utilité, sans remettre au hasard
le choix du sujet dont nous nous entretiendrons. Vous verrez
que par un sentiment d'équité bien naturel, lorsque nous
voulons juger les autres, nous devrions faire un retour sur
nous-mêmes ; plus nous avons besoin d'indulgence, plus il
est de notre intérêt d'étendre sur les faiblesses de nos semblables le voile bienfaisant qui doit en dérober la connaissance à la malignité.

» Le premier caractère de la vertu, c'est l'indulgence, et

si par une sévérité affectée, quelques individus frondent des actions que la plupart du temps ils n'ont pas pris la peine d'approfondir, qu'on se garde de les croire en cela des défenseurs zélés de la vertu. Sans doute on doit vouer la haine aux vices et aux crimes qu'il peut enfanter. Mais la faiblesse, mais l'erreur, n'ont elles pas quelques droits à l'indulgence ?

Les apparences sont d'ailleurs si souvent trompeuses, que pencher pour la sévérité, c'est presque se condamner soi-même à subir d'inexorables jugements; et lorsque l'on se sent disposé à prononcer l'anathème qui peut enlever à jamais aux autres l'estime et la considération, qui sont les biens les plus précieux que l'on puisse posséder, on devrait se souvenir de la modération dont notre divin législateur usa lorsqu'on amena la femme adultère : Que celui qui ne se sent pas coupable lui jette la première pierre, » et ce retour si simple, que l'équité aurait dû faire faire d'abord, sauva les jours de l'accusée. Non-seulement un bon cœur doit être porté à l'indulgence, mais c'est aussi un des plus grands moyens que l'on puisse employer pour ramener à la vertu ceux qui s'en sont écartés, et quel est l'être de bonne foi qui, en faisant une revue exacte de ses actions, n'en trouve pas quelques-unes dignes de la censure si elles étaient connues? quel est celui qui ne voudrait pouvoir déchirer quelques feuillets de l'histoire de sa vie! Qui peut être assez présomptueux pour calculer toutes les possibilités qui auraient pu faire échouer sa vertu, et affirmer en même temps que la victoire lui serait restée? La sagesse n'a souvent que le mérite de ces poltrons, dont le courage n'a jamais été attaqué et par conséquent n'a pu être révoqué en doute. Loin de nous appesantir sur les faiblesses des autres, qu'un indulgent silence leur épargne une censure amère, si l'équité ne nous permet pas de les défendre ouvertement. Il y a toujours deux manières de juger les actions d'autrui ; attachons-nous de préférence à saisir le coté favorable ; et si par hasard nous sommes trompés dans notre opinion, nous aurons du moins la consolation d'avoir vu l'espèce humaine sous des apparences moins désavantageuses. Cette méthode nous donnera des droits à la bienveillance générale, et il est si doux de savoir se faire aimer ! la tolérante indulgence resserre les liens de la société, entretient la bonne harmonie dans les familles, et préserve du regret d'avoir été injuste.

» M. de Lismore était un magistrat connu, au parlement de Rouen, autant pour son impartiale équité que pour sa douce indulgence dans les devoirs sévères que lui imposait son état. Il avait l'art heureux de faire trembler le criminel, de rassurer l'innocent, et de protéger la faiblesse; lorsqu'on sortait d'auprès de lui, c'était toujours avec le désir d'être assez vertueux pour mériter l'estime d'un citoyen qui était lui-même si estimable ; il était rare que ses paternelles remontrances manquassent leur effet sur ceux qu'il essayait de ramener dans le bon chemin ; inexorable pour tous les vices subversifs des lois de la société, il était indulgent pour les faiblesses inséparables de l'humanité, et les jugements qu'il rendait se ressentaient de ces dispositions. Il avait une réputation si bien établie, que le pauvre n'éprouvait aucun embarras, lorsqu'il allait invoquer son appui, et que l'homme opulent était bien sûr que ses richesses ne feraient jamais pencher la balance de la justice, lorsqu'elle serait entre les mains de M. de Lismore.

Un jeune homme de Rouen, dont le père était extrêmement sévère, commit une étourderie, qui n'allait à rien moins qu'à compromettre sa fortune et son honneur. Ne sachant comment faire pour se tirer du mauvais pas où son imprudence l'avait précipité, et redoutant par-dessus tout la colère de son père, ce jeune homme était prêt à commettre la plus grande extravagance que le désespoir puisse suggérer, celle de s'ôter la vie, lorsqu'une inspiration soudaine suspendit sa funeste résolution. Il va, plein de confiance et de repentir, chez

M. de Lismore, à qui il fait un aveu sincère de sa faute ; lui demande des conseils, et le supplie de venir à son secours et de le garantir de la malédiction paternelle. Le magistrat lui parle avec indulgence, excite son repentir, encourage sa confiance, et lui promet d'obtenir de son père le pardon qu'il désirait.

» M. de Lismore avait peu de relations avec le père du jeune homme ; mais que ne peut le désir d'obliger et de ramener au bien celui qui se repent de ses erreurs ? Il fait précéder d'une visite de politesse l'invitation qu'il envoie à ce père sévère pour un dîner d'appareil ; cette invitation surprit d'abord le père ; mais il était trop flatteur d'être recherché par M. de Lismore pour ne pas accepter avec empressement. Le dîner était splendide, et la compagnie bien choisie ; le magistrat en fit les honneurs avec la grâce qui le caractérisait ; au dessert, il amena adroitement la conversation sur l'aventure du jeune homme, déguisant cependant assez les principales circonstances pour qu'on ne pût faire aucune application, et feignant de consulter les convives pour connaître la conduite qu'ils tiendraient en pareil cas ; le père du jeune homme fut appelé comme les autres à donner son avis. M. de Lismore avait su rendre le coupable si intéressant, que, malgré son penchant pour la rigueur, le père fut entraîné par la grande majorité des opinions, et parla d'indulgence. Le magistrat le fit expliquer d'une manière qui ne lui permettait plus de rétrograder s'il en avait eu l'envie, au moment où il devait connaître combien il était intéressé à la conversation.

» Après le dîner, pendant que ses convives faisaient différentes parties qu'il avait arrangées, M. de Lismore trouva un nouveau prétexte pour faire passer dans son cabinet le père qui n'était plus inflexible ; il lui parla d'une manière si affectueuse et si touchante de l'intérêt qu'il apportait à tout ce qui pouvait concerner ses intérêts, que, naturellement, il l'amena à connaître la vérité. D'abord la sévérité voulut reprendre son ancien empire; mais, le combattant par ses propres paroles, M. de Lismore lui rappela ce qu'il avait dit pendant le dîner, réclama le pardon du jeune homme en lui démontrant que la bonté qu'il lui montrerait dans ce moment ne pouvait manquer de le ramener totalement à la vertu. Pour achever de le décider, le fils, qui était caché tout près du cabinet, vint se jeter aux genoux de son père, et finit l'ouvrage que le magistrat avait si heureusement commencé. M. de Lismore eut le plaisir de les voir dans les bras l'un de l'autre; il mêla ses larmes à celles que l'attendrissement leur faisait répandre; il aida à ensevelir dans l'oubli la grave étourderie du jeune homme, qui, touché de devoir à sa bonté l'honneur et la considération à laquelle une bonne conduite pouvait le faire aspirer, mit la plus scrupuleuse régularité à suivre les conseils que M. de Lismore voulut bien lui donner, et eut toute sa vie une confiance entière et une reconnaissance sans bornes pour celui à qui il devait le service éminent d'avoir su désarmer la sévérité de son père. »

« Comme il était bon ce digne M. de Lismore, dit Séraphine d'un air touché ; je suis sûre que s'il avait des enfants, ils devaient être bienheureux. Savez-vous, maman, s'il était père? — Non, ma bonne amie, mais il y a lieu de le croire; car les pères et mères sont ceux qui prennent le plus d'intérêt aux enfants même des autres : l'amour paternel est un rameau dont les branches sont si étendues qu'elles prêtent leur ombre à tous ceux qui en ont besoin. »

— Combien nous sommes heureux, dit Gabrielle, de n'avoir pas besoin de l'intervention des autres, lorsque nous sommes dans le cas de solliciter un pardon. L'indulgence de notre bonne maman est inépuisable, et son cœur n'a besoin, pour être ému, que des regrets du coupable. »

— Oh! c'est bien vrai, s'écrièrent tous les enfants en se précipitant dans les bras de madame de Melleville qui les y invitait par un regard plein de tendresse et de bonté. — Mes enfants, leur dit-elle, si, dans ce moment, vous paraissez si bien sentir le prix de l'indulgence, rappelez vous toujours qu'il est de toute justice d'exercer envers les autres ce que l'on désire obtenir pour soi-même. Je t'engage, mon cher Achille, à t'informer avec plus de détail de ce qui concerne le jeune homme qui a retardé ton arrivée; je serais réellement charmée s'il vérifiait mon pressentiment, car tout m porte à croire qu'il est accusé faussement. »

Achille promit qu'il retournerait le lendemain s'informer du prisonnier auquel les enfants prenaient déjà un grand intérêt, d'après la direction que leur maman venait de donner à leurs idées.

QUATORZIÈME LEÇON

———

DE L'OBLIGEANCE ET DE LA DÉLICATESSE

Achille avait mis autant de bonne foi dans ses informations qu'on pouvait le désirer, et que devait l'inspirer un bon cœur. Il avoua que le jeune homme était sorti triomphant de l'accusation intentée contre lui, car les couverts avaient été retrouvés dans l'égoût où l'on jetait ordinairement l'eau de vaisselle. Madame de Melleville ayant fait remarquer à ses enfants quelle influence pouvait avoir une fausse accusation, Achille fut chargé d'aller inviter l'accusé à venir trouver pendant quelques jours l'hospitalité dans une maison où le premier des devoirs était de respecter l'honnête indigence, et le second, de la protéger. L'étranger fut surpris de cette invitation ; mais elle était faite avec tant de cordialité et de franchise, qu'il paraissait difficile de s'y refuser. Il suivit donc Achille, et se présenta à madame de Melleville avec autant de politesse que de modestie. L'accueil qu'il reçut était si encourageant qu'au bout de quelques heures qu'il fut dans cette maison, il pouvait supposer qu'il était regardé comme faisant partie de la petite famille. La soirée devant se passer comme d'habitude, madame de Melleville proposa à son hôte de la remplacer dans l'occupation de soutenir l'entretien, parce qu'elle était un peu indisposée. Et elle ajouta avec beaucoup de grâce qu'il serait bien aimable à lui d'augmenter l'intérêt qu'il inspirait déjà par le récit des circonstances qui avaient amené le désagrément qu'il venait d'éprouver.

Souscrivant à cette demande avec une complaisance polie, l'étranger commença ainsi sa narration:

« Je suis Français, et je m'appelle *Roger*. Mon père, riche négociant de la Bretagne, fut malheureusement choisi pour commander un corps de *Vendéens*; plus d'une fois il conduisit ses compatriotes à la victoire, mais il y trouva la mort, et laissa ma mère avec quatre orphelins dont je suis l'aîné. Nos propriétés furent envahies, ravagées, pillées, et ma triste famille tellement persécutée, que, pour garantir sa vie, ma mère fut obligée de fuir, après avoir réuni une petite somme d'argent, fruit de la vente de son mobilier. Un de mes oncles s'étant chargé de me garder chez lui, ma mère s'embarqua avec mes trois sœurs, et partit pour l'Angleterre, dans le dessein d'y attendre que la tourmente révolutionnaire fût un peu apaisée. Mon oncle qui avait conservé de la fortune me fit élever avec ses fils; mais comme il était un puissant soutien de la cause vendéenne, il fut dénoncé à l'autorité républicaine, qui le fit arrêter, et peu s'en fallut qu'il ne partageât le sort de ses infortunés compatriotes conduits à Nantes. Mais il ne périt pas d'une mort violente; le chagrin avait tellement miné sa santé pendant les huit mois qu'il était resté en prison, qu'à peine on fut-il sorti qu'il tomba malade et succomba à la violence de sa maladie. Par cette mort, mon sort était redevenu bien incertain, car la veuve de mon oncle, femme aussi avare qu'égoïste, loin de suivre les dernières volontés de son mari, qui m'avait vivement recommandé à ses bontés, trouvant que j'étais une charge trop pesante dans sa maison, m'en éloigna, et me plaça chez un horloger pour y apprendre son état, ne lui donnant qu'une bien faible somme, et quatre années de mon temps pour payer mon apprentissage.

J'avais treize ans alors, on n'avait aucune nouvelle de mère, et je sentis la nécessité de travailler moi-même à acquérir des moyens d'existence, afin de n'être à charge à personne. Mon maître était brusque, mais honnête homme; il fut touché des efforts que je faisais pour arriver à un but qu'il appelait honorable, et de son propre mouvement il devança le terme où il s'était engagé à me donner des appointements, et me fixa une petite somme pour subvenir à mon entretien.

» Lorsque j'eus atteint dix-sept ans, j'éprouvai encore plus vivement le besoin de retrouver ma mère, et des sœurs que je me sentais disposé à chérir; et je partis pour l'Angleterre, dans l'espérance que mes recherches étant plus actives, auraient plus de succès que celles qu'on avait faites jusqu'alors. Cette espérance ne s'accomplit pas, et les renseignements que j'obtins furent si vagues, qu'après avoir épuisé un temps considérable à les suivre, je fus forcé de revenir en France et de me livrer entièrement à mon état. Il y a six mois qu'un Anglais s'étant arrêté à Rennes, parla d'une dame veuve qui avait trois demoiselles, et qui s'était retirée en Suisse. La description qu'il fit de cette famille avait tant d'analogie avec ma mère, que je sentis renaître mes espérances; et m'étant assuré d'une manière positive de l'endroit où habitait cette dame, dont le nom se rapproche beaucoup du mien, je formais la résolution de faire le voyage à pied, mes moyens ne me permettant pas de le faire autrement, et de venir à Berne qui est la ville où cet anglais prétend avoir vu la dame dont le nom seul fait battre de joie mon cœur. Je n'étais pas loin de Genève, lorsque je suis tombé malade d'une fluxion de poitrine, qui m'a mis dans la position la plus embarrassante; car, non seulement les frais d'auberge et de médecine ont absorbé la petite somme dont j'étais muni, mais le superflu m'a été volé; et lorsque j'ai été convalescent, j'ai trouvé que mes effets se bornaient à ce que je porte actuellement sur moi, qui était la partie la plus chétive de ma garde-robe. Ne voulant être à charge à personne, je

7.

n'ai pas attendu le retour de mes forces pour me mettre en route, et j'ai gagné Genève le plus promptement que j'ai pu; croyant que je trouverais peut-être de l'ouvrage chez un horloger, et que je pourrais me rétablir ainsi. Mais il semble que quand l'adversité poursuit quelqu'un, elle ne le quitte qu'après avoir épuisé sur lui tous ses traits. En vain j'ai parcouru Genève, et parlé dans différentes boutiques de mon état, de manière à prouver que je le connaissais à fond, je n'ai trouvé d'ouvrage nulle part, et j'ai quitté cette ville avec la crainte de ne pouvoir atteindre Berne, tant mes forces étaient épuisées; car je dois avouer, madame, qu'il y avait quinze heures que je n'avais mangé, depuis le dernier morceau de pain qui a servi à me redonner des forces. J'étais à peine à un quart de lieue que ma faiblesse a trahi mon courage, et surmontant la répugnance qu'un galant homme doit éprouver en invoquant la piété de ses semblables, j'ai bien été contraint d'avoir recours à cette humiliante ressource, et j'ai demandé, dans une jolie maison de campagne dont j'étais très près au moment où je me sentais défaillir de besoin, l'hospitalité et la nourriture qui m'étaient si nécessaires; on m'a accordé l'une et l'autre avec une bienveillance touchante. Jugez, madame, quel a dû être mon désespoir en me voyant accuser d'une bassesse que la bonté de mes hôtes aurait rendue doublement coupable? De toutes les angoisses que l'infortune a accumulées sur ma tête, j'avoue que c'est la dernière qui m'a paru la plus cruelle; il ne faut même rien moins que votre touchante bonté, qui vous a engagée, madame, à vous intéresser à un innocent, pour adoucir l'amertume de ce que je viens de souffrir. Elle était telle, que j'en avais oublié la possibilité de retrouver ma mère. »

Le jeune Roger avait mis une expression si attendrissante dans son récit, que tous les enfants en avaient les larmes aux yeux; Achille surtout paraissait confus d'avoir été si injuste envers un jeune homme si intéressant; il le regardait, puis

avait l'air de méditer un projet, et lui fit ensuite tant de
questions sur la demeure de la dame qu'il espérait être sa
mère, sur son nom, et ce qui pouvait aider à la faire reconnaître, que madame de Melleville crut avoir deviné l'intention
de son fils. Elle engagea le jeune Roger à séjourner chez elle
jusqu'à ce qu'il fût parfaitement rétabli, et se félicita d'être
assez heureuse pour pouvoir rendre service à un compatriote.
La conversation étant tombée naturellement sur l'obligeance,
Clément demanda à sa maman en quoi cette qualité pouvait
se reconnaître. « A saisir toutes les occasions de faire ce qui
est utile ou agréable aux autres. — Ainsi, maman, vous êtes
obligeante, parce que vous êtes utile à M. Roger? — Et toi,
mon ami, tu manquerais de délicatesse en faisant cette observation, si monsieur Roger était là. — Pourquoi donc, maman? — Par deux raisons : la première est qu'on ne doit jamais
rappeler à quelqu'un les services qu'on lui a rendus; car c'est
ou l'humilier, ou chercher à provoquer sa reconnaissance ; et
l'un et l'autre ne sont pas délicats. La seconde raison c'est
qu'on doit se contenter d'éprouver le plaisir qu'il y a d'obliger, et qu'il est inutile de mettre les autres dans sa confidence.
— Si pourtant cela pouvait les décider à en faire de même,
maman? ne serait-ce donc pas bien fait alors ? — Il y a d'autres moyens qui pourraient arriver au même but sans employer celui-là. En général, il faut éviter d'entretenir les
autres de soi, surtout quand cela peut leur rappeler quelque
obligation ; ce sont des nuances que la délicatesse observe
toujours, et la délicatesse est aux autres vertus ce que la
fleur, ce que le parfum sont aux fruits ; ils en complètent la
bonté et l'élégance. La délicatesse prévoit tout ce qui peut
faire de la peine pour l'éviter, et tout ce qui peut faire plaisir
pour en faire usage : elle ôte au bienfait l'humiliation que
pourrait éprouver l'obligé; assaisonne la louange de la grâce
qui peut produire l'émulation ; ôte au reproche l'amertume
qu'il pourrait avoir ; prend le soin obligeant de mettre en
évidence tout ce qui peut faire valoir les autres... Mais voici

monsieur Roger, évitons ce qui pourrait lui donner à penser qu'il a été le sujet de notre entretien, et, par toutes les attentions possibles, tâchons de lui faire oublier le chagrin qu'il vient d'avoir. »

QUINZIÈME LEÇON

DE LA BIENFAISANCE

Achille avait obtenu de sa maman la permission d'exécuter un projet qui faisait honneur à son cœur; et pour effacer le tort qu'il prétendait avoir à l'égard de M. Roger, il était allé à Berne pour s'informer de la dame qu'il présumait être sa mère : il se faisait une fête de l'aimable surprise qu'il lui causerait s'il était assez heureux pour réussir. Madame de Melleville voulant seconder sa bonne volonté, lui avait donné une lettre propre à inspirer de la confiance pour le porteur; car elle présumait qu'à quatorze ans on a généralement plus de bonne volonté que d'adresse pour tout ce qui concerne les convenances, et elle y avait suppléé.

Lorsque la petite famille fut rassemblée pour le repas, M. Roger témoigna de la surprise et de l'inquiétude en ne voyant pas Achille; mais madame de Melleville motiva cette absence si adroitement, que celui qui en était la cause ne put en concevoir aucun soupçon.

Le soir madame de Melleville expliqua à son hôte l'habitude qu'elle avait contractée, depuis l'indisposition de Clément, d'entretenir ses enfants sur des objets de morale, qu'ils étaient maître de choisir; M. Roger applaudit à cet usage et

demanda avec timidité la permission de participer au même
privilége. Comme elle lui fut accordée de bon cœur, il tira
une boule comme les autres enfants ; et comme il avait amené
le plus fort numéro, il eut l'avantage de diriger la conversation.

» Madame, dit-il en s'inclinant profondément, vous devez
être une si aimable moraliste, que votre influence ne peut
agir que d'une manière très-remarquable sur tous les esprits que vous avez la bonté de vouloir bien éclairer ; dai-
gnerez-vous traiter aujourd'hui un sujet qui doit vous être
bien familier ; j'ose vous prier, madame, de nous parler de la
bienfaisance. »

Madame de Melleville sourit à cette indication ; son cœur
pouvait lui dicter tant de choses, qu'on ne pouvait pas choisir un sujet qui lui fût plus agréable. Aussi, sans aucune
préparation, elle se disposa à communiquer à son auditoire
tout l'enthousiasme qu'elle avait toujours eu pour une vertu
dont elle connaissait encore mieux la pratique que la
théorie.

« S'il est un sentiment qu'il soit pardonnable de ne pas
réfléchir, dit-elle, c'est celui de la bienfaisance. Malheur à
l'être égoïste et froid qui se trouve assez de force pour résis-
ter à cette impulsion noble et généreuse qui porte à venir au
secours de ses semblables ! le bonheur de soulager l'infortune est le plus grand que l'on puisse goûter dans la vie ;
mais combien il y a peu d'individus qui sachent en connaître
tout le charme ! et combien de considérations puériles en
font faire le sacrifice ! Tantôt la crainte d'être trompé dans
le choix de la personne que l'on a à secourir retient la main
prête à s'ouvrir ; mais alors c'est presque toujours l'égoïsme
qui la ferme, car il est si facile de vérifier la position des
malheureux ! tantôt un état de maison à soutenir, une pa-
rure fastueuse que l'on désire, un luxe éclatant dont on
veut faire parade, sont les motifs qu'un cœur avare oppose
au premier des devoirs, celui de secourir ses semblables.

Faibles raisonnements! qui ne peuvent être discutés que
par des êtres durs et insensibles. On doit toujours se refuser
le superflu pour procurer aux autres le nécessaire. Et quelle
est la jouissance qui puisse être comparée à celle de rendre,
par des bienfaits, une famille au bonheur? Quel est l'éclat,
le faste, ou la vanité satisfaite qui puisse égaler le délice de
faire une bonne action? Bienfaisance, vertu divine, ta pratique rapproche l'homme de la Divinité, en le rendant juste
dispensateur des biens qui sont en sa puissance!... Mais,
pour posséder cette vertu dans toute sa perfection, il faut savoir y joindre la délicatesse. Peu de personnes connaissent
l'art heureux d'obliger sans humilier ceux qu'elles obligent,
et c'est en quoi consiste la véritable bienfaisance.

» Non-seulement il faut savoir deviner l'infortuné que l'on
veut secourir, mais il faut encore épargner à son amour-
propre l'aveu d'une position fâcheuse; qu'il trouve dans le
bienfait la joie et la satisfaction, et qu'il éprouve la reconnaissance sans qu'on lui fasse sentir que c'est un devoir. Des
idées rétrécies, des considérations mesquines, éloignent presque toujours le désir d'être bienfaisant : tantôt c'est une privation que l'on craint de s'imposer, tantôt ce sont des démarches qui paraissent fatigantes. Mais si l'on voulait prendre
la peine de calculer que cette privation, ces démarches seraient compensées par un bonheur indicible, on n'hésiterait
pas si longtemps. La bienfaisance est inspirée par la bonté;
ce sont deux vertus presque inséparables : dans le grand
monde on s'y livre rarement. Trop de distractions absorbent
tous les moments de la journée; il ne reste plus le temps de
penser aux malheureux. Et, en effet, ce n'est pas lorsqu'on
passe la matinée au lit, l'après-midi à sa toilette, la soirée
au spectacle, et la nuit au bal, que l'on peut visiter l'humble réduit de l'indigence; car je n'appelle pas bienfaisance
cette générosité fastueuse qui, pour obtenir des louanges,
sacrifie quelques louis aux aumônes qui ont de la publicité,
et refuse un écu à l'indigent qui le sollicite en secret.

7..

« Mais celui qui, bravant les rigueurs de la saison, va réchauffer dans son grenier le pauvre souffrant et malade ; celui qui sait prévenir les besoins d'une famille indigente, qui fait pour la secourir le sacrifice de l'argent que lui coûterait une loge à l'Opéra ; celui-ci enfin qui, favorisé des dons de la fortune, se plaît à la répandre en bienfaits, et ne voit dans tous les malheureux que sa famille : voilà le véritable bienfaisant, celui qui connaît les véritables jouissances de la sensibilité. La bienfaisance est le cachet d'une belle âme : elle peut s'exercer dans tous les états et dans toutes les positions ; car ce n'est pas seulement de donner de l'argent qui prouve la bienfaisance : des consolations touchantes, des démarches utiles, des soins généreux, la caractérisent également. L'être bienfaisant joint à l'avantage de connaître des jouissances réelles, celui de conserver dans un âge avancé des souvenirs heureux. Repasser dans sa mémoire le nombre des heureux qu'on a faits, doit rafraîchir l'imagination, et donner à tous les objets une teinte agréable. Il est donc essentiel de se pénétrer d'un sentiment qui contribue encore plus au bonheur de celui qui s'y livre, qu'au bonheur de ceux sur qui il s'étend.

» Il y avait à Dijon, avant la révolution, un homme fort riche, trésorier des Etats de Bourgogne ; il s'appelait M. Chartraire de Montigny. Les pauvres le connaissaient autant que les riches, car il ne refusait jamais l'aumône qui lui était demandée ; et s'il procurait à la capitale de la Bourgogne des fêtes brillantes, des plaisirs variés qui le rendaient l'homme délicieux, le régulateur du bon goût, et le héros par excellence des sociétés les plus distinguées où il donnait toujours le ton, le pauvre avait aussi ses dénominations pour faire son éloge ; elles ne consistaient qu'en une seule phrase, c'est qu'il était bienfaisant.

» Quelquefois, rassasié de plaisirs et de louanges, il se dérobait aux empressements des cercles brillants dont il était l'âme, et qui épiaient dans ses regards s'il était satisfait des

frais qu'on avait faits pour lui plaire ; et, prenant un habit
de couleur modeste, il allait faire ce qu'il appelait ses
revues.

» Les classes les plus indigentes recevaient alors sa visite,
et jamais il ne quittait l'humble toit qu'il avait honoré de sa
présence, sans y laisser des marques de sa libéralité. Un
soir il entra chez un tourneur assez âgé, qu'il trouva tout
en larmes ; il s'informa en vain du sujet de son chagrin ; le
bon homme, humilié peut-être de la détresse où il se trouvait, ne voulut jamais en convenir. M. de Montigny n'insista
pas, mais il lui demanda s'il voulait se charger de remettre
une pomme en ivoire à une canne, à laquelle il disait tenir
beaucoup, parce que c'était un très-beau jonc.

« L'ouvrier promit de faire de son mieux, et fut chercher
le lendemain la canne dont il avait été question, et dont la
pomme était effectivement cassée.

» Lorsqu'il fut chez lui, et qu'il eut démonté cette pomme
pour en substituer une neuve, il s'aperçut avec surprise que
le jonc était creux, et en le secouant il en tomba vingt-cinq
louis ; il courut faire part de cette découverte à M. de Montigny, et lui rendre l'or qui lui appartenait. « Mon ami, lui
dit le généreux trésorier, j'ai fait le vœu bien solennel de
toujours donner à d'honnêtes pères de famille tout ce que le
hasard ou ma bonne fortune pourrait me faire trouver. Cet
or est donc à vous : car, dans ce moment, vous êtes mon re-
présentant ; et c'est comme si c'était moi qui eût fait cette
découverte. Remportez l'or et mettez-le dans votre bourse ;
raccommodez-moi ma canne de manière à me contenter, et
alors nous serons aussi satisfaits l'un que l'autre. »

» Le tourneur ne savait s'il rêvait ou s'il était éveillé : sa
reconnaissance s'exhala avec tout l'enthousiasme de la satisfaction, et il courut porter à sa famille la bonne aubaine que
la générosité de M. de Montigny lui avait accordée. Une autre fois, le même monsieur s'était arrêté à Dôle en Franche-
Comté ; quelques réparations indispensables à sa chaise de

poste le forcèrent de chercher à employer les heures nécessaires à ce raccommodage. Comme il n'avait aucune connaissance dans cette ville, il s'amusa à parcourir les églises, et
entra dans une où l'on faisait des préparatifs pour la cérémonie d'une procession de religieuses, car c'était l'église
d'une communauté. Il fit par désœuvrement plusieurs questions aux curieux qui s'apprêtaient à jouir de ce spectacle, et
il apprit avec une vive émotion que la jeune personne qui allait prononcer des vœux solennels était une demoiselle très-
bien née, dont toute la vocation reposait sur son manque de
fortune, et par conséquent l'impossibilité présumée de se
marier. Il n'en demande pas davantage, et s'adressant à une
tourière du couvent, il lui demande quel moyen il peut employer pour parvenir à parler à la jeune novice. — Aucun,
monsieur, car elle est trop occupée du bonheur qui se pré-
pare pour elle. — Cependant j'ai quelque chose d'important
à lui dire? — Après la cérémonie. — Je désirerais que ce
fût avant. — Cela ne se peut pas.

« Un louis, glissé dans la main décharnée de la religieuse,
suggéra promptement à son imagination un moyen assez
simple pour que le voyageur pût faire ce qu'il désirait. Il ne
s'agissait que de se glisser dans le parloir, où une superbe
collation était préparée pour la famille de la jeune religieuse,
et de se faire passer pour un de ses parents.

» M. de Montigny suivit cet avis, et, se glissant dans le
parloir, il se rapprocha le plus qu'il put de la grille, afin de
pouvoir parler à la novice; mais elle n'était pas à la grille.
Il s'impatientait des délais qui se prolongeaient malgré lui,
et qui pouvaient entraîner des conséquences funestes à son
projet. Prenant une autre résolution, il se fit indiquer la
mère de la religieuse, et, s'approchant d'elle, il lui demanda
poliment quelques minutes d'entretien particulier. La dame
hésitait, car, ne connaissant aucunement M. de Montigny,
elle ne pouvait deviner ce qu'un étranger avait à lui dire.
Cependant ses manières étaient si distinguées, son ton si

poli, qu'elle crut ne pouvoir se refuser à sa demande, et l'engagea à la suivre dans un arrière-parloir, où ils se trouvèrent seuls.

» Madame, lui dit M. de Montigny, les moments sont précieux, et vous voudrez bien m'excuser si j'aborde brusquement un sujet pour lequel j'emploierais, dans toute autre circonstance, les égards et les circonlocutions qu'exigeraient les convenances. Mademoiselle votre fille va prendre un engagement irrévocable. — Oui, monsieur. — Il peut être de son choix, mais est-il de son goût? — Monsieur, de quel droit?... — De celui qui me sera toujours cher, madame, c'est-à dire de pouvoir faire une bonne action. Je n'ai pas l'honneur de vous connaître, mais j'ai ouï dire que la fortune ne récompensait pas toujours le mérite. Si dix mille francs vous paraissent une dot suffisante, et peuvent préserver mademoiselle votre fille du malheur d'enchaîner sa liberté d'une manière peu agréable, et qu'elle n'adopte que par une extrême raison, au lieu de faire allumer les cierges de l'autel, courons chez votre notaire, madame, et ne me privez pas de la satisfaction à laquelle je suis le plus sensible, celle de faire des heureux.

» La mère ne pouvait en croire ses oreilles, et son premier mouvement fut de se jeter aux genoux du bienfaiteur de sa fille. Mais il la retint, et lui fit sentir combien la célérité devenait nécessaire. Ils furent ensemble chez le notaire, qui rédigea le contrat de donation de dix mille francs, et revinrent au couvent où l'on ne savait à quoi attribuer la disparition de la mère, dans un instant où l'on n'attendait plus qu'elle. Son retour allait donner le signal des chants sacrés; mais, demandant à parler à sa fille sans témoins, elle lui raconta ce qui venait de se passer, et combien la Providence venait de la favoriser. Un sourire de satisfaction remplaça sur la physionomie de la jeune religieuse l'expression de la résignation qui y était empreinte un quart d'heure auparavant, et, au grand scandale des religieuses, elle courut dans sa cellule reprendre les vêtements mondains qu'elle avait dépouillés pour prendre le costume monastique. La supérieure était extrêmement mécontente, en ce qu'elle prétendait que c'était un exemple fort dangereux à donner aux jeunes novices. Mais M. de Montigny vint à bout de la calmer, non-seulement en payant généreusement tous les frais déjà faits pour la cérémonie, mais en promettant encore un superbe ornement pour l'église de la communauté. On mangea la collation avec encore plus d'appétit qu'on ne se le promettait ; la demoiselle fut d'une gaieté charmante ; et ses yeux annoncèrent visiblement combien elle se trouvait heureuse de sa nouvelle métamorphose.

» M. de Montigny continua son voyage, en remerciant la Providence de ce qu'elle avait permis qu'il arrivât un accident à sa voiture. Quelques mois après, la demoiselle, grâce à sa petite dot, trouva un jeune homme bien né qui voulut bien la trouver suffisante. Un heureux mariage fut la suite de l'acte de bienfaisance de M. de Montigny, qui rappelait gaiement le voyage de Dôle, comme un des plus satisfaisants qu'il eût fait de sa vie. — Qu'on est heureux d'être riche, dit Édouard ; au moins on peut faire du bien. — Ce n'est pas toujours une raison, mon ami, car à la possibilité on n'unit pas toujours la volonté. — Cependant comment peut-on se refuser à faire des actions qui rendent si heureux ? Comme je te l'ai dit, mon ami, l'égoïsme éloigne tout ce qui pourrait causer des privations ; l'amour du plaisir absorbe des sommes que l'on pourrait employer utilement ; mais pour cela il faudrait renoncer à des jouissances fictices, et peu de personnes en ont le courage ; ce n'est qu'en voyant de près, et souvent les malheureux, que le cœur conserve pour eux un tendre intérêt qui porte à les soulager. C'est donc une utile habitude de se familiariser avec toutes les misères humaines ; car celui qui est compatissant ne peut manquer de devenir bienfaisant, s'il en a le pouvoir. »

Chacun fit des projets pour l'avenir, basés sur les richesses qu'on devait acquérir. Gabrielle voulait peindre et vendre ses tableaux pour en donner le prix aux pauvres ; Edouard prétendait qu'il se ferait médecin, afin de donner ses soins gratis aux pauvres. Par une suite de la similitude qu'il y avait entre le caractère des jumeaux, Séraphine sollicitait déjà la permission de se faire sœur hospitalière ; Clément devait aller faire la guerre aux Musulmans, piller le trésor du Grand-Seigneur, délivrer les esclaves chrétiens, élever partout des hospices pour les malades, des ateliers pour les indigents, et des écoles pour l'instruction des enfants.

Roger prétendit qu'il demanderait des conseils à madame de Melleville, et que, sans se donner autant de peine que Clément, il viendrait bien à bout d'acquérir une vertu que son institutrice savait si bien exercer.

La soirée étant finie, l'on alla goûter un doux sommeil, suite presque toujours assurée d'une journée innocente, et madame de Melleville attendit avec impatience le lendemain, pour connaître le résultat de la course qu'Achille avait entreprise.

SEIZIÈME LEÇON

DE LA MODÉRATION

On sortait à peine de déjeuner, lorsqu'Achille, couvert de sueurs et de poussières, entra d'un air d'importance, et remit à sa maman une lettre qu'elle décacheta aussitôt. En lisant le contenu de cette dépêche, ses yeux brillaient d'une joie si douce, si pure en même temps, que Roger, croyant qu'il était peut-être question d'affaires de famille, se levait pour se retirer, dans la crainte d'être indiscret, lorsque madame de Melleville lui remit la lettre, en le priant d'en prendre lecture. Le bon jeune homme vit avec une satisfaction inexprimable que l'obligeant Achille avait prévenu ses vœux, en allant à Berne prendre les informations qu'il devait aller chercher lui-même. C'était bien réellement sa mère qui habitait l'endroit qu'on lui avait indiqué ; elle avait cru son cher Roger mort, d'après la réponse que sa méchante belle sœur avait faite à une dem -douzaine de lettres qu'elle lui avait écrites ; et n'ayant plus d'intérêt qui la rappelât dans un pays où elle avait perdu ce qui lui était le plus cher au monde, elle avait profité d'une occasion favorable pour s'attacher à une famille

anglaise qui s'était établie en Suisse, et depuis bien des années elle résidait à Berne. Deux de ses filles s'y étaient même
mariées assez avantageusement, et il ne restait plus avec
elle que la cadette. Sa position, sans être brillante, la plaçait
dans une heureuse médiocrité, et elle serait partie sur-le-
champ pour ramener Achille et voir son cher Roger plus
tôt, sans un mal de jambe pour lequel on lui avait prescrit
le repos le plus absolu.

Roger ne savait comment témoigner sa reconnaissance à
madame de Melleville ; il était ivre de joie, dansait, chantait,
pleurait, riait, et faisait mille extravagances qui auraient pu
faire croire qu'il n'était pas dans son bon sens. Craignant
pour lui les suites d'une joie aussi immodérée, madame de
Melleville se proposa de lui donner, le soir, une leçon indi-
recte, par la tournure qu'elle ferait prendre à l'entretien ; et
le sort ayant favorisé Clément, qui, selon son habitude, remit ses droits à sa maman, elle en profita pour faire sentir
les avantages de la modération.

« Cette vertu, dit-elle, paraît à beaucoup de personnes être
insignifiante, et même n'appartenir qu'aux cœurs froids, et
cependant elle a bien souvent une influence directe sur notre
destinée. La modération fait voir les objets avec le prisme de
la vérité; elle n'exagère rien, n'impose de bornes à la sensibilité que celles qui sont nécessaires à son bonheur ; c'asse
avec ordre chaque chose à sa place ; elle réprime les prétentions exagérées, contient les désirs de l'ambition dans de
justes bornes, tempère l'exaltation des idées, enchaîne les
mouvements impétueux de la vengeance, et prescrit des limites mêmes à la vertu. C'est à la modération que l'on doi-
le sang-froid nécessaire dans les occasions périlleuses ; c'est
encore à elle que l'on doit l'énergie qui fait supporter l'adversité avec dignité, et la prospérité sans ivresse. Elle nous
donne l'avantage d'être juste, même avec nos ennemis ; de
donner un frein aux passions qui, sans elle, nous entraîne
raient souvent loin de la bonne route.

» Que nous dit le sage? Modérez vos penchants, vos désirs, vos sentiments; » sans elle l'imagination nous créerait souvent des illusions chimériques qui nous feraient commettre de grandes fautes; mais la modération vient détruire leurs prestiges, et ne nous arrêtant que sur ce qui est réel, nous empêche de tomber dans l'erreur. Presque toutes les professions ont besoin de l'avoir pour compagne.

Le général d'armée qui n'aurait pas assez de modération pour n'être pas égaré par des succès, courrait souvent le risque de compromettre sa gloire, et de perdre des batailles. Le magistrat qui ne ferait pas ployer ses préventions sous le joug de la modération rendrait souvent des jugements injustes. Le médecin qu'un sot orgueil aveuglerait, dédaignerait de connaître les lumières de ses confrères, et ses malades ne s'en trouveraient sans doute pas mieux.

» Le négociant qui se livrerait sans modération à ses spéculations avides et hasardées échouerait souvent dans ses entreprises. Le ministre assez maladroit pour user de sa faveur sans modération la verrait bientôt disparaître. Et si nous descendons dans les détails de la vie domestique, une mère n'a-t-elle pas besoin de modération dans les punitions qu'elle inflige, comme dans les récompenses qu'elle accorde?

» C'est elle qui donne de la durée aux sentiments les plus doux, qui préserve des excès dans tous les genres, oppose une digue à l'impétuosité des désirs, ainsi qu'au sentiment déplorable de la haine; partout elle fait du bien, jamais elle n'occasione de mal; elle prévient les suites dangereuses des émotions trop vives, retient la fougue de l'emportement, met sous la garde de la prudence les élans d'un bon cœur, et ne fait jamais repentir celui qui la consulte d'avoir suivi ses avis.

» Il y avait dans la ville de Lyon un homme connu par son excellent jugement et le bon sens avec lequel il savait démêler les affaires les plus difficiles. C'était un ancien négociant retiré des affaires, après avoir amassé une petite fortune, qui tenait un juste milieu entre l'opulence et la médiocrité;

Il s'appelait d'Assonville ; deux enfants, fruit d'un hymen heureux, ajoutaient aux chances de bonheur qu'il avait su se créer. Sa fille aurait pu épouser un gentilhomme pauvre, qui l'avait recherchée dans l'espérance que l'éclat d'un titre séduirait la vanité du beau-père, dont il se promettait de faire danser les écus *ad libitum ;* mais M. d'Assonville observa à sa fille qu'il ne fallait pas sortir de la classe où l'on était né, et que c'était un sûr moyen d'éviter les dédains et le mépris de celui qui croyait vous faire beaucoup d'honneur en changeant son nom contre votre fortune. Son avis prévalut, et sa fille fut très-heureuse avec un honnête manufacturier, en qui M. d'Assonville avait reconnu les qualités qu'il appréciait par dessus tout, savoir, la probité, la prudence, et la modération.

» M. d'Assonville était sans ambition : mais comme il avait beaucoup de crédit, des gens plus ambitieux que lui imaginèrent qu'en profitant de son crédit pour le faire nommer à une place éminente, qui était élective, ils auraient ensuite le droit de rédiger ses opinions à leur gré, et que, par reconnaissance, il ferait tout ce qui dépendrait de lui pour faire adopter leurs systèmes et étayer leurs opinions. Lorsque cette négociation lui fut proposée, il répondit sans hésiter « Tout bon citoyen doit servir son pays ; je crois remplir ma tâche, en me rendant aussi utile que mes moyens me permettent de l'être ; je ne suis point orateur, et je n'aspire pas à m'élever au-dessus du rang que j'occupe dans la société, où je me crois beaucoup plus recommandable que si je voulais avoir des places qui seraient au-dessus de mes talents. Gardez vos offres pour ceux qui, comme Icare, ne redoutent pas les chutes ; quant à moi je me trouve très-bien d'aller terre à terre. » Il se conduisit ainsi dans différentes occasions, ce qui lui valut le surnom de d'Assonville le modéré.

» Une autre fois, un spéculateur hardi vint lui proposer d'être de moitié avec lui dans une entreprise où il fallait de

gros capitaux, mais qui devait rendre soixante pour cent de
bénéfice. « Mon cher, lui dit le modéré d'Assonville, si je
vous prêtais ces fonds, ce serait à six pour cent; je crois que
sans blesser les règles que je me suis imposées, je puis aller
au-delà de cet intérêt sans que l'équité en murmure. Votre
mise de fonds doit être de cent mille francs; si j'étais votre
associé, je devrais vous en fournir autant; je vous les prê-
terai demain à dix pour cent. Puisse votre spéculation réussir et vous valoir le gain que vous en attendez? Quant à
moi, je vous l'abandonne et ne veux courir aucun risque.
Le spéculateur accepta la condition, et réussit au-delà de ses
espérances; car, loin d'être borné à soixante pour cent, ses
bénéfices s'élevèrent jusqu'à cent dix. Loin d'en être jaloux
ou d'en éprouver des regrets, d'Assonville fut charmé de ce
que cette spéculation avait si bien réussi; mais il conseilla
au négociant de ne pas tenter de pareils essais, et de ne pas
fatiguer la fortune. Loin de croire ces sages avis, il se lança
dans les entreprises les plus hasardeuses, comptant follement
sur le bonheur qui l'avait accompagné jusque-là; mais à la
troisième opération de ce genre qu'il entreprit, il fut ruiné
complétement, et regretta bien amèrement de n'avoir suivi
ni l'exemple, ni les conseils de M. d'Assonville.

» Un jour le modeste négociant fut insulté grièvement par
quelques étourdis qui sortaient d'une partie de débauche, et
dont les idées et la raison se ressentaient de l'orgie qu'ils
venaient de faire; les amis de M. d'Assonville lui conseillaient
de tirer une vengeance éclatante de cette insulte. « Mais,
leur répondit-il, ne me prendriez-vous pas pour un fou, si,
passant auprès d'un mur, des moellons s'en détachaient et
me blessaient, et que j'allasse intenter un procès au mur, et
en exiger des réparations? Ces jeunes gens n'avaient pas leur
raison lorsqu'ils m'ont offensé; par conséquent je ne puis
accuser leur volonté, puisqu'elle n'était pas dans son libre
exercice. Mais comme il faut les engager à ne plus commettre pareilles fautes, je veux les effrayer pour l'avenir, et les

ferai menacer de les poursuivre, à moins qu'ils ne rachettent leur folie, en consentant à donner la somme de dix mille francs aux pauvres. »

« Comme des poursuites juridiques auraient pu entraîner des désagréments beaucoup plus graves, les étourdis furent enchantés d'en être quittes à si bon marché, et n'hésitèrent pas à payer à la caisse de bienfaisance la somme exigée par M. d'Assonville, qui jouit bien mieux du bienfait dont il avait indiqué la désignation d'une manière si noble, que s'il eût suivi les mouvements de la colère, et déshonoré plusieurs familles par une poursuite qui aurait pu entraîner des punitions infamantes.

» Jusqu'au tombeau, M. d'Assonville conserva le même esprit de modération, et en donna la preuve dans son testament, où il prescrivit ses obsèques qui devaient être faites de la manière la plus simple. Il avait évalué les sommes que ses héritiers auraient pu consacrer à faire briller leur ostentation, et il en ordonnait la remise à dix pauvres familles qui pouvaient, grâce à ce secours, élever leurs enfants; car il avait eu l'attention de désigner des artisans peu aisés, et chargés d'une nombreuse famille. Ainsi, après avoir mérité pendant sa vie l'estime et la considération de ses concitoyens, il quitta la terre entouré des bénédictions des pauvres, dont il avait toujours cherché à améliorer le sort.

» Madame, dit Roger en rougissant un peu, je reçois avec beaucoup de reconnaissance la leçon que vous voulez bien me donner, et je tâcherai d'en profiter. Cependant vous conviendrez qu'il y a des sentiments bien difficiles à soumettre au joug de la modération, je le sens à la reconnaissance que j'éprouve, et... — Silence, silence, je crois entendre le roulement d'une voiture. — O Dieu! si c'était ma mère?... » Madame de Melleville avait, par cette brusque transition, essayé d'interrompre les louanges que Roger s'apprêtait à lui donner, et que sa modestie répugnait à entendre. Le bruit fut vérifié; ce n'était point une voiture, mais un vent assez impétueux qui s'était engouffré dans un tuyau de la cheminée. Roger soupira de la méprise, qui ajournait ses douces espérances; les enfants ne firent qu'en rire et profitèrent de la liberté que leur maman leur accordait quelquefois pour la plaisanter sur ce qu'elle s'était ainsi trompée. La soirée s'étant passée gaiement, on avança l'heure du repas, pour qu'Achille pût prendre plus tôt celui qui devait lui être nécessaire, d'après le voyage qu'il avait fait en allant à Berne pédestrement, et pour lequel il n'avait employé qu'un jour et demi : diligence qui devait prouver tout son zèle et sa bonne volonté.

CONCLUSION.

Le lendemain, pendant qu'on était à dîner, une voiture s'arrêta bien réellement devant la porte de madame de Melleville, et cette fois il n'y eut point de méprise : c'était madame Roger, avec sa fille cadette, qui avait bravé la défense du médecin pour céder au désir que lui inspirait son cœur. Retrouver d'une manière si inopinée un fils chéri, qu'elle croyait mort depuis bien des années, était un bonheur qu'elle ressentait fortement et qu'elle exprima avec toute la vivacité bretonne.

Roger, de son côté, ne pouvait se lasser de bénir 'a Providence de ce qu'elle avait fourni à son cœur aimant les moyens de jouir d'un sentiment aussi pur et aussi délicieux en même temps, que celui de l'amour filial.

Achille sentait combien il est doux de contribuer au bonheur des autres, et se promettait de profiter de toutes les circonstances qui s'offraient à lui pour jouir de ce plaisir. Madame Roger et sa fille étaient si reconnaissantes de ce que madame de Melleville avait fait pour un jeune homme qu'elle ne connaissait que sous un rapport désavantageux, que sa

belle âme et son équité naturelle s'étaient empressées de repousser, qu'elles appréciaient vivement toutes deux une conduite si noble et si généreuse; d'autant qu'il était probable
que, sans la bonté de cette intéressante femme, elles n'auraient pas joui si vite d'une réunion qui leur faisait oublier
de longues années de chagrin.

Lorsque des personnes vertueuses sont à même de se rencontrer et de se reconnaître, il en résulte naturellement une
intimité d'autant plus satisfaisante qu'elle est fondée sur des
bases solides; aussi madame de Melleville éprouvait pour sa
nouvelle amie les sentiments d'une douce réciprocité. Ses
enfants ressentaient aussi un intérêt pour le jeune Roger,
qui, par sa douceur et ses sentiments honnêtes, gagnait chaque jour davantage dans l'esprit de ceux qui étaient à même
d'apprécier ses bonnes qualités.

Madame de Melleville avait éprouvé un plaisir si vif à contribuer au bonheur d'une famille estimable, qu'elle ne pouvait consentir à s'en séparer promptement, et il fallut, pour
la satisfaire, que madame Roger lui promît de passer quelque temps chez elle. Les prévenances et les égards d'une
aimable hospitalité abrégeaient d'une manière remarquable
les heures que l'on trouve ordinairement assez longues quand
on est pas chez soi.

Un jour où Achille dissertait sur l'injustice qu'il y a à juger
les autres défavorablement, sans se donner la peine d'approfondir si les inculpations qu'on leur fait sont méritées ou
non, Roger parla avec amertume du chagrin qu'il avait res-
senti d'une accusation de ce genre. Sa mère et sa sœur, qui
ne connaissaient pas encore cette particularité de sa vie, en
furent profondément affectées; elles en sentirent encore
davantage toute l'obligation qu'elles avaient à madame de
Melleville, et lui vouèrent un attachement à toute épreuve.

Déjà huit jours s'étaient écoulés depuis l'instant qui avait
ramené un fils chéri dans les bras d'une mère tendre; Roger trouvait ces huit jours bien agréables. Mais, jaloux de

connoître ses autres sœurs, il supplia madame de Melleville de vouloir bien mettre un terme à ses bontés, et de le laisser partir pour Berne avec sa mère et sa sœur. Cette prière était trop légitime pour ne pas être agréée, et la famille bretonne quitta madame de Melleville, après en avoir obtenu la promesse qu'elle ne laisserait pas passer l'été sans faire le voyage de Berne avec ses enfants ; et sans y séjourner quelque temps chez ses nouveaux amis.

La présence des deux étrangères avait interrompu les entretiens habituels des soirées, et, lorsqu'elles furent parties, Clément était si bien rétabli de son accident, que, malgré tout son amour pour les histoires et la confiance qu'il avait aux sages leçons de sa mère, il aurait eu beaucoup de peine à fixer son attention pendant toute une soirée sur des objets aussi graves, depuis qu'il venait de retrouver la faculté de courir et de jouer au colin-maillard. Madame de Melleville ne voulant donc imposer à ses enfants que le joug d'une attention volontaire, ajourna d'une manière indéfinie les entretiens qu'elle avait eu l'art de faire tourner au profit de leur instruction ; car en travaillant à faire germer dans leur cœur l'amour des vertus et des devoirs, elle leur avait donné l'instruction la plus désirable.

Madame de Melleville recueillit le doux fruit de sa touchante sollicitude ; ses enfants l'en récompensèrent en profitant de ses sages leçons, et sa vie s'écoula de la manière la plus heureuse, parce que les objets de sa tendresse en furent toujours dignes.

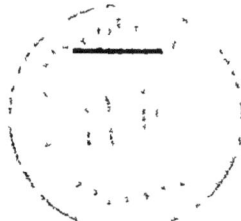

LIMOGES. — IMPRIMERIE BARBOU FRÈRES.

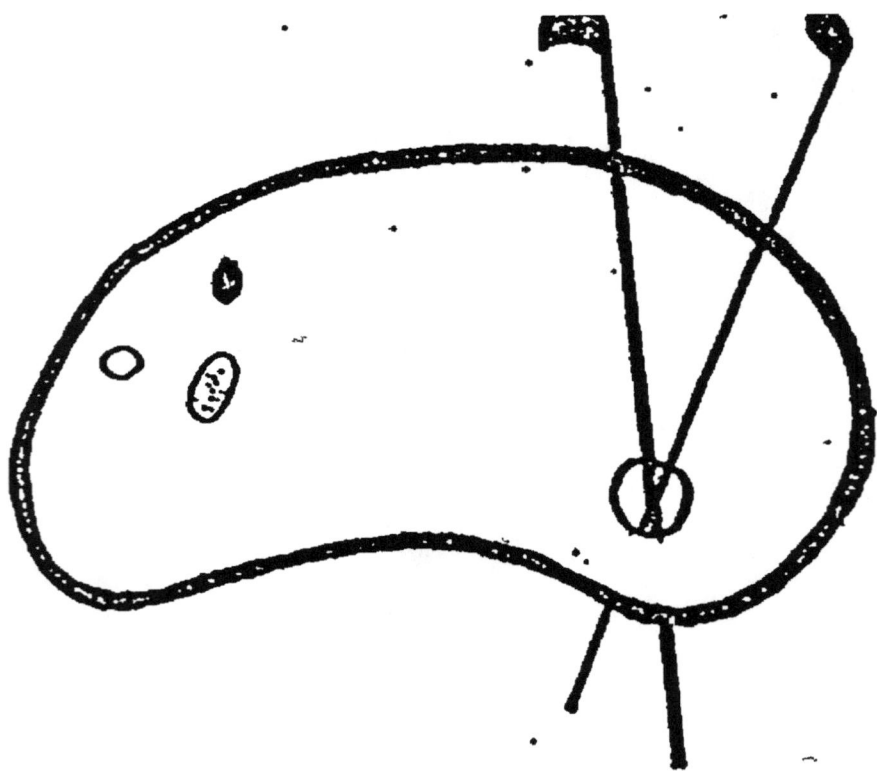

www.ingramcontent.com/pod-product-compliance
Lightning Source LLC
Chambersburg PA
CBHW072040090426
42733CB00032B/2043